ESG 트렌드

초판 1쇄 발행 2022년 1월 1일

지은이 김상태
펴낸이 백송이
출판등록 제2021-000007호
교정 오현석
편집 이은지
표지디자인 채송화
검수 윤재희
마케팅 위드에스마케팅
펴낸곳 안드레의 바다
　　　　(41934) 대구광역시 중구 종로 45-4(종로1가) 3층 59호
전화 +82-10-8277-9366
E-mail ssong34@nadrebada.com
인스타그램 @andrebada.sdg
ISBN 979-11-975645-9-8(03320)

값 20,000원

- 이 책의 판권은 지은이와 안드레의 바다에 있습니다.
- 잘못된 책은 구입하신 곳에서 바꾸어 드립니다. 본 서의 무단복제행위를 금합니다.
- 저자와 협의하여 인지첨부를 생략합니다.

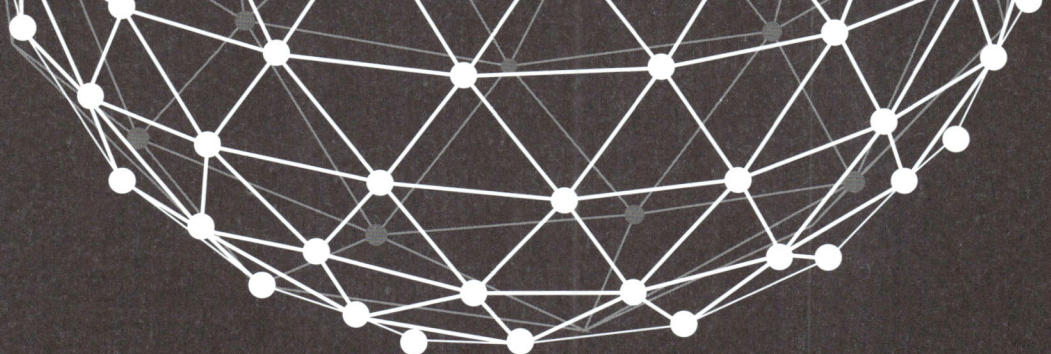

Environment, Social and Governance

ESG 트렌드

― 김상태 지음 ―

ESG 대전환에 대비하는 경영 지침
메타노이아(metanoia)

Andrebada

Contents

Prologue — 10

Part 1
ESG, 지속가능경영과 논의의 핵심 — 14

Chapter 1. ESG, 위기만이 진정한 변화를 만들어 낸다 — 16
- ESG란 무엇인가 — 16
- ESG, 선택이 아닌 필수다! — 18
- ESG_환경(Environment) — 20
- ESG_사회(Social) — 21
- ESG_지배구조(Governance) — 22

Chapter 2. 기업경영의 뉴 패러다임 ESG — 24
- 생존을 위한 지속가능경영 — 24
- ESG로의 국제적인 움직임 — 25
- 주식시장 이끄는 ESG — 27

Chapter 3. 탄소중립경제로의 마일스톤 — 30
- ESG 관련 주요 기관 — 30
- 탄소회계금융협의체(PCAF) — 31
- 저탄소경제로의 이정표 이니셔티브(SBTi) — 33
- 기후변화 우등생만 살아남는다 CDP(Carbon Disclosure Project) — 35
- 전 세계 금융사들의 자발적 행동 협약: 적도원칙(EP) — 37
- RE100 — 40

Part 2
ESG 국가별 정책 동향   42

Chapter 1. EU의 가장 중요한 트렌드 ESG   44

관세가 아니다! 이제는 탄소국경세!   44
비재무 정보 공시 의무화 사회로의 이동   45
유럽 그린딜   47
스페인의 ESG   47

Chapter 2. 중국의 ESG 모델   50

중국의 온실가스 배출 현황   50
중국의 탄소중립 정책   52
ESG의 '중국 모델'   53
CN-ESG   55

Chapter 3. 우리나라도 예외가 아니다   56

ESG 선언   56
한국 ESG 등급   58
환경 부문 성과   58
사회 부문 성과   61
지배구조 부문 성과   65

Part 3
주요 지표 및 국내외 ESG 전략   68

Chapter 1. ESG 주요 지표: 기업경영의 지속가능성을 평가   70

    DJSI 개념   70
    DJSI의 구성 및 평가 기준   70
    MSCI(Morgan Stanley Capital International Index)   71
    MSCI ESG 평가 체계 및 평가 기준   73
    국내 ESG 지표   74

Chapter 2. ESG 브랜딩 시대: 국내기업의 ESG 전략   77

    NAVER   77
    SKT   79
    삼성SDS   82
    LG CNS   84
    KT   86
    삼성전기   89
    한국전력(KEPCO)   91

Chapter 3. ESG 브랜딩 시대: 해외 기업 ESG 전략   93

    IBERDROLA   93
    알리바바   95
    평안보험그룹   97

Chapter 4. ESG는 대기업의 전유물이 아니다! 100

중소·중견기업으로 확산하는 ESG 100
중견 및 중소기업 ESG 대응 사례 102
중소기업 지속 성장을 위한 ESG 가이드 105

Part 4
친환경이 경쟁력이다! 108

Chapter 1. 탄소중립 현황 110

탄소중립이란 110
저탄소경제로의 인식 전환 가속화 112

Chapter 2. 국가별 탄소중립 추진 방향 115

EU 2050 탄소중립 116
미국 청정에너지 및 인프라 계획 118
중국 2060 탄소중립 120
일본 2050 탄소중립 121
한국 2050 탄소중립 123

Chapter 3. 탄소경영관리체계 126

탄소경영체계 126
탄소경영 주요 기관 127
탄소정보공개프로젝트(CDP) 128
탄소정보공개프로젝트(CDP) 구성 130
탄소경영 진단 방안 131
탄소경영 운영 가이드 132

Chapter 4. 국내외 탄소경영 대표적 사례　　　　　　　　134

탄소정보공개프로젝트(CDP) 국내 모범 사례　　　　　　134
LG그룹　　　　　　　　　　　　　　　　　　　　　　136
탄소정보공개프로젝트(CDP) 해외 모범 사례　　　　　　137
렌징그룹　　　　　　　　　　　　　　　　　　　　　　138
탄소 Scope 및 유형 구분　　　　　　　　　　　　　　139

Chapter 5. 환경경영 현황 및 국내외 사례　　　　　　　　141

환경경영의 개념 및 주요기관　　　　　　　　　　　　141
환경경영시스템 EMS(ISO14001)　　　　　　　　　　　144
환경경영 체제 및 지표　　　　　　　　　　　　　　　145
녹색기업 지정제도　　　　　　　　　　　　　　　　　146
국내외 환경경영 대표적 기업 및 기관　　　　　　　　148

Part 5
ESG Driving Force　　　　　　　　　　　　　　　　154

Chapter 1. EERS 개념 및 동향　　　　　　　　　　　　156

에너지효율 혁신을 이끄는 EERS　　　　　　　　　　156
EERS 사업 유형 및 한계점　　　　　　　　　　　　　158
EERS 해외 사례　　　　　　　　　　　　　　　　　　159
EERS 기대효과　　　　　　　　　　　　　　　　　　161

Chapter 2. 천연가스 수급 현황 및 시나리오　　　　　　　　162

　　천연가스의 개념　　　　　　　　　　　　　　　　　　　162
　　국내 LNG 수급 및 도입 현황　　　　　　　　　　　　　164
　　천연가스 수요 시나리오　　　　　　　　　　　　　　　165

Chapter 3. 지금은 재생에너지에 집중할 때　　　　　　　167

　　재생에너지 3020 계획　　　　　　　　　　　　　　　　167
　　RPS 및 REC 현황　　　　　　　　　　　　　　　　　　168
　　재생에너지 유형　　　　　　　　　　　　　　　　　　　171
　　재생에너지 3020 정책에 따른 영향　　　　　　　　　　172

Chapter 4. CCUS(Carbon Capture, Utilization&Storage)　　175

　　CCUS 정의 및 현황　　　　　　　　　　　　　　　　　175
　　이산화탄소 포집, 활용, 및 저장기술(CCUS) 분류　　　　177
　　CCUS를 통한 순환경제 구현　　　　　　　　　　　　　179
　　CCUS 국내외 정책 동향　　　　　　　　　　　　　　　180

Epilogue　　　　　　　　　　　　　　　　　　　　　　188

　　ESG 투자 확대가 노동에 미치는 영향　　　　　　　　　188
　　ESG 투자 확대는 노동의 위기인가 기회인가　　　　　　189

Prologue

Fiddle while Rome burns

전 세계적 기후변화위기로 산업과 사회, 정치가 모두 격변하고 있다. 이러한 상황 속 사람들의 행동은 서기 65년 네로 황제가 특별한 조치 없이 불타는 로마시를 며칠 동안 바라보기만 하였다는 일화에 비유할 수 있을 것이다. 이 일화는 현대 사람들 또한 기후변화 위기 상황 속에서 중대한 의사결정을 차일피일 미룬 채 아무것도 하지 않고 있는 상황을 여실히 잘 드러내 준다.

세계적으로 기후변화로 인한 거대한 위기와 충격을 대처하기 위한 방안 중 하나로 오랫동안 논의된 ESG(Environment, Social, Governance)는 위기 속에 처한 상황을 극복하기 위한 경영전략의 일환이다. ESG는 재무적 성과뿐만 아니라 비재무적 성과, 즉 환경(Environment), 사회(Social), 지배구조(Governance) 등을 측정, 관리하는 새로운 의사결정과정에 다루어져야 할 중요한 예봉이다.

기후변화, 생태계 변화 등 예상하지 못한 위기, 리스크 가운데 어려운 투자 기회나 위기를 '백조'라 일컫는데 특히, 발생 확률이 낮은 위기를 '스완 리스크'라 한다. 이보다 더 발생 확률이 낮은 위기는 '블랙스완'으로 경제학자들은 2008년 일어난 리먼 브라더스(Lehman Brothers) 사태와 같은 글로벌 금융 위기를 '블랙스완'에 비유하였다. 그러나 최근 새로운 '백조', 바로 '그린스완'이 등장했다. 검은색 백조가 희귀하다고는 하지만 극히 드물게 자연계에서는 볼 수 있는 반면, '그린스완'은 전혀 볼 수 없다. 그런 의미에서 '그린스완'은 기후변화 리스크로 정치, 경제, 산업 및 사회가 모두 격변하는 거대한 충격을 과거 어느 누구도 경험하지 못한 위기를 경고하고 있다.

파리협정(Paris Agreement) 5주년을 맞이하는 해인 2021년, 독립평가기관인 저먼워치(German Watch), 기후행동네트워크(Climate Action Network)는 온실가스 배출 추세(50%), 배출 수준(30%), 기후정책(20%)의 3가지 지표로 국가별 '2021 기후변화대응지수(Climate Change Performance Index)'를 발표했다. 기후변화대응지수 평가 결과, 1~3위는 없었으며, 스웨덴(4위), 영국(5위), 덴마크(6위), 캐나다(58위), 미국(61위) 순으로 나타났고, 한국은 전체 61위 중 53위로 낮은 재생에너지 비중을 차지하고 있었으며, 지구 평균 온도 상승폭을 1.5℃ 이하로 제한하는 파리협정 목표 달성에서도 소극적인 2030년 온실가스 감축 목표를 정하며 매우 미흡(very low)으로 평가됐다.

이러한 상황에서 한편으로는 좌초자산, 특정 시장이 사양길에 접어들면서 가치가 떨어진 자산에 대한 대책도 함께 논의가 필요하다. 파리기후협약의 적극적 이행에 따라 세계 각국의 친환경 정책으로 탄소배출량이 많은 산업은 이러한 움직임에 발 빠르게 대응하지 않으면 머지않아 좌초자산이 될 위험에 직면하고 있다.

이에 대해, 이 책은 지속가능경영(sustainable management)에서 일어나는 패러다임의 변화, 즉 ESG(Environment, Social, Governance)에 대한 국가별 정책, 국내외 대응 현황, 주요 기관별 평가지표, 관리체계 등에 대한 연구이다. 간단히 말해, 이 책의 논지는

ESG의 거대한 변화 요구가 정부, 기업, 개인 간의 관계에서 지속가능 경영의 패러다임 전환(paradigm shift)을 가능하게 한다는 것이다. 현재 논의되는 ESG의 개념과 운영 체계는 한동안 더 복잡해지는 역학적(dynamic) 과도기 시기로 국가 유형별, 산업별 체계적으로 관리할 수 근본적인 기회를 제공하리라 예상한다. 특정 국가 수준에서 벗어나 체계적인 학문 연구가 수년 동안 이어지면서 중대한 수정이 필요하다고 여겨진 것도 그리 많지 않다.

반면에, ESG는 숨어 있는 경제적 패권, 힘의 논리 등에 관한 회의적인 시각에는 현 ESG 추진의 필요성, 당위성과의 방향에서는 분명한 차이가 있다. 그 주장은 해석 사이에 존재하는 가변적인 개념으로 매우 합당한 근거가 있는 것처럼 보일 수 있기에 그러한 주장에 치밀하게 대응해야 할 것이다. 종합하면, 위의 열거한 이슈에 대한 관심과 진전에 깊은 존중을 가지고 비방의 양자택일에서 벗어나 좀 더 과학적으로 초점이 조정된 조사로 옮기는 하나의 전략을 제안한다. 이러한 패러다임 전환의 중요성은 아무리 강조해도 지나치지 않기에 이론과 방법이 복잡하더라도 후속 작업에 관심 있는 많은 분들이 도움을 주길 희망한다.

'위기만이 그것이 실제이든 인식이든 간에 진정한 변화를 만들어낸다'
— 밀턴 프리드먼(Milton Friedman)
『화려한 약속, 우울한 성과(Bright Promises, Dismal Performance)』

Part 1
ESG, 지속가능경영과 논의의 핵심

Chapter 1. ESG, 위기만이 진정한 변화를 만들어 낸다 · 16
ESG란 무엇인가 · 16
ESG, 선택이 아닌 필수다! · 18
ESG_환경(Environment) · 20
ESG_사회(Social) · 21
ESG_지배구조(Governance) · 22

Chapter 2. 기업경영의 뉴 패러다임 ESG · 24
생존을 위한 지속가능경영 · 24
ESG로의 국제적인 움직임 · 25
주식시장 이끄는 ESG · 27

Chapter 3. 탄소중립경제로의 마일스톤 · 30
ESG 관련 주요 기관 · 30
탄소회계금융협의체(PCAF) · 31
저탄소경제로의 이정표 이니셔티브(SBTi) · 33
기후변화 우등생만 살아남는다 CDP(Carbon Disclosure Project) · 35
전 세계 금융사들의 자발적 행동 협약: 적도원칙(EP) · 37
RE100 · 40

Chapter 1

ESG, 위기만이 진정한 변화를 만들어 낸다

● **ESG란 무엇인가**

ESG는 환경(Environment), 사회(Social), 지배구조(Governance)의 영문 첫 글자를 조합한 단어로, 기업경영에서 지속가능성(Sustainability)을 달성하기 위한 세 가지 핵심 요소이다. 즉 기업경영 측면에 있어서 재무적 성과뿐 아니라, 환경·사회·지배구조 등 비재무적 성과를 측정하기 위한 요소인 것이다.

재무적 관점에서의 경영전략 도출과 재무 성과를 창출하는 데 주력하던 기업들이 이제는 지속가능경영보고서 공시, ESG 연계 사업 추진 등 비재무적 성과를 통해 기업 경쟁력을 평가받는 시기로 재무 및 비재무적 성과가 기업 목표에 통합되는 방향으로 패러다임이 변화하는 것이다. 이에 따라 기업의 사회적 역할, 이해관계자와의 소통, ESG 연계 등에 대한 중요성은 지속적으로 증가하고 있다. 미국, 유럽 대기업 CEO들 역시 지속가능경영을 기업 목표로 포용적 번영을 강조하는 등 사회적 가치 창출을 위해 노력하고 있는 추세이다.

전 세계 기업과 투자자들에게 ESG의 시대가 도래했음을 알리는 신호탄 역할을 한 기업은 바로 블랙록(BlackRock)이다. 7조 달러 이상을 운영하는 세계 최대의 자산 운용사인 블랙록은 최고 경영자(CEO)인 래리 핑크가 투자자들과 기업 CEO들에게 보낸 서한에서 투자 결정 시 단순한 재무적 성과가 아닌 지속가능성을 기준으로 삼겠다고 발표했다. 이와 동시에 블랙록은 화석연료 관련 매출이 25%가 넘는 기업들을 투자 대상에서 제외하며 ESG에 관련한 행보가 단순히 선언에서 끝나지 않음을 보여 주었다. 또한 ESG 관련 기업, 기관 투자 시 적극적인 동의 또는 부결의 의결권을 행사하며 ESG 투자 확대를 확산시키고 있다.

"세계 최대 자산운용사 블랙록은 투자에 ESG 요인을 반영하겠다고 밝히며, 화석연료 관련 매출이 25%를 넘는 기업들은 투자 대상에서 제외하였다. 이처럼 ESG 관련 적극적인 의결권 행사를 하며 ESG 투자의 확대를 촉진시키고 있다."

국내외 일류 기업들은 지속가능성과 ESG 평가에서 상위 등급을 획득을 위해 과감한 탄소 배출 절감을 시도하고 있으며 한발 더 나아가 탄소를 아예 배출하지 않겠다는 '탄소 제로화(Carbon Net Zero)' 선언을 하고 있다. 이와 함께 환경오염 완화를 위한 자원 및 폐기물 관리, 더 적은 에너지와 자원을 소모하는 에너지효율화도 중요한 이슈로 떠오르고 있다. 사회(Social) 측면에서는 기업 내 임직원들의 만족 및 다양성 보장, 기업 외적으로는 고객만족, 정보 보호 및 프라이버시, 기술적, 인적 자원을 활용한 사회공헌 등이 주요 요소이다. 마지막으로 지배구조(Governance) 측면에서는 이러한 환경적, 사회적 가치를 달성하기 위한 근간이 되는 공정하고 투명한 이사회와 기업윤리 보존 등이 중요시된다. 또한 주주들에게 만족스러운 배당 및 정보 공시를 하는 것 또한 역시 ESG 중 G 지배구조에 포함된다.

● ESG, 선택이 아닌 필수다!

ESG 논의가 갑작스럽게 진행된 것은 아니며, 이전부터 많은 기업의 관심사였던 기업의 사회적 책임(Corporate Social Responsibility)과 밀접한 연관성이 있다. CSR은 지역사회 사회공헌 및 기업의 준법 차원에서 진행이 되었으며, 이와 같은 활동은 기업의 '필수'적인 역할이기보다는 기업의 이미지 제고를 위한 부가적인, 소위 말하는 '좋은 활동'으로 여겨졌다. 하지만 기업의 사회적 역할에 대한 중요성이 커지고 그 양상이 복잡해짐에 따라 기존의 사회적 가치 활동을 넘어서 비재무 및 재무적 요인에 이르기까지 전사 경영전략에 기반이 되는 ESG가 기업의 필수적인 의사결정 체계로 자리 잡고 있다.

ESG가 기업 운영에 깊숙하게 스며든 것과 동시에 ESG 논의에서 고려되는 주체들 역시 확대되었다. ESG 고려에 흔히 등장하는 개념은 '이해관계자 자본주의(Stakeholder Capitalism)'로, 이는 기업경영에서 주주 외에도 시장 속 모든 이해관계자를 함께 고려해야 함을 내포하고 있다. 즉, 기업의 관심사는 단순히 주주가 아닌, 시장 속 소비자, 협력사, 정부, 직원, 더 나아가 환경 및 사회 문제를 다루는 국제 이니셔티브 등이 모두 포함되어야 한다는 것이다. 이와 같은 패러다임 속에서 기업에게는 더 다각화된, 그리고 고차원적인 역할 수행이 요구되고 있다. 기업은 이윤 창출 외에도 모든 이해관계자를 고려하는 비재무성과를 창출해야 하며, 단순히 재무제표로 평가받는 것을 넘어서서 지속가능경영보고서로 평가받는 시대가 온 것이다.

이와 같은 흐름에 따라 환경, 사회, 지배구조에 대한 기업의 관심은 빠르게 증가하고 있다. 그중에서도 환경 부문의 경우 파리기후변화협약과 유럽 그린딜 등 국제 차원에서의 활발한 움직임으로 인해 가장 뜨거운 어젠다(Agenda)로서 자리 잡게 되었다. '그린 경영', '그린 금융' 등 환경이 고려되지 못했던 분야까지 앞에 '그린'이라는 말이 붙음으로써 전

그림 1 ESG 개요

분야에 걸쳐 환경 보호 이슈를 반영하는 것이 사회적으로 중요한 트렌드가 된 것이다. 사회 부문의 경우 기존의 CSR과 가장 유사한 형태를 지니고 있는 것 같지만, 동시에 훨씬 더 넓은 범위의 기업 책임을 바탕으로 한다. '이윤 추구'라는 기업의 가장 전통적인 목적에서 한 발짝 더 나아가, 자사의 인적 자원과 지역사회에 대한 인권적, 윤리적 고려를 기업 경영 자체로 끌고 들어온 것이라고 할 수 있다. 지배구조 부문의 경우 전반적인 ESG 경영을 위한 기반이 되는 만큼 기업의 ESG 평가에 있어서 상당한 가중치를 지니고 있으며, 기업의 경영과 직결되는 부분이기 때문에 환경과 사회 부문과 비교했을 때 상대적으로 오랜 기간 동안 정량화가 이루어져 왔다. 지배구조의 가장 대표적인 요소인 이사회의 존재에 대해 딜로이트의 재닛 파우티는 기업 이해관계자들의 요구, 니즈에 맞게 이사회에서 의사결정을 하는 방안, 방편으로 운영해야 한다고 주장한다. 물론 ESG 각 요소가 균형을 이루며 총체적으로 고려되는 것이 중요하지만, 지배구조는 기업이 그 방향성을 유지할 수 있도록 뒷받침해 주는, 그 기반이 되는 역할을 담당하고 있는 것이다.

🌏 ESG_환경(Environment)

환경(Environment) 부문은 기후변화 및 탄소 배출, 생물의 다양성, 물 부족 해결, 에너지효율화, 대기 및 수질 오염 등의 요소를 포괄하고 있다. 이의 지표로는 ISO14001과 같은 환경경영인증, CDP(탄소정보공개프로젝트) 등의 국제 이니셔티브 참여, 온실가스 배출량 및 에너지 사용량, 환경성과 평가 체계 구축 여부 등이 포함되어 있다.

환경 부문은 ESG 요소 중에서 그 중요성이 상당히 강조되고 있다. 2021년 1월 취임한 미국의 조 바이든 대통령은 1호 공약으로 환경을 선정하였으며, 파리기후협약에 재가입하는 등 환경 보호에 대한 전 세계적인 트렌드에 뛰어들었다. 이는 해외에만 국한된 트렌드가 아니다. 2021년 전국경제인연합회가 시행한 설문 조사 결과에 따르면 ESG 각 요소 중 환경 부문이 가장 중요하다는 응답이 60%를 기록하였으며, ESG 평가지표의 중요도에서는 '기후변화 및 탄소 배출'이 26.7%로 1위를 기록하였다. 그만큼 ESG 경영 실현에서 환경 부문의 중요성이 부각됨에 따라 국내외 일류 기업들은 지속가능성과 ESG 평가에서 좋은 등급을 받기 위해 과감한 탄소 배출 절감을 시도하고 있으며, 한발 더 나아가 탄소를 아예 배출하지 않겠다는 '탄소 제로화(Carbon Net Zero)' 선언을 하고 있다.

ESG 개념이 급격하게 확산됨에 따라 많은 기업이 ESG 경영을 시행하고자 하였지만, 아직까지 시장 내에서 표준적으로 통용되는 평가 지침이 존재하지 않는다. 이와 같은 문제를 해결하기 위해서 정부와 환경부는 금융위원회와 함께 녹색 금융 추진 TF를 구성하고, 녹색 금융 분류 체계인 'K-택소노미(Taxonomy)'를 고도화하고 있다. 이를 통해 2021년 상반기에 표준 환경성 평가 체계를 수립하고자 하며, 궁극적으로 녹색산업에 대한 표준화된 정의를 내리고자 한다. 이 외에도 대표적인 국내 ESG 동향으로는 온실가스 배출권 거래제 3기 시행, 2050 탄소중립 선언, 금융권의 탈석탄 선언 등이 있으며, 환경 부문에 대한 다양한 노력이 이루어지고 있다.

● ESG_사회(Social)

사회 측면에는 사회적 가치에 대한 기업의 다양한 노력이 포함되며, 여기서 기업이 추구하는 '사회적 가치'란 경제뿐만 아니라 사회·환경·문화 등을 포함하는 영역에서 공공의 이익과 공동체 지속가능한 발전에 기여하는 핵심 가치로, 개인 및 조직의 관점에서 더 나아가 사회 공동체와 미래 세대까지 고려하는 발전에 대한 개념이다. 정부는 2016년 사회적 가치 기본법을 제정함으로써 우리 사회가 추구해야 하는 13개의 대표 사회적 가치를 제시하였으며, 이를 보완하기 위해 2020년 '사회적 가치 실현을 위한 공공 부문의 추진 전략'을 수립하였다. 이와 같은 사회적 가치에 대한 정부의 노력에 기반하여 기업 ESG의 사회 부문 역시 기업의 사회적 가치 추구를 다루고 있다. 해당 부문의 세부 내용을 살펴보면 고용이나 인력 개발과 관련된 인적 자본 항목, 부패 및 공정거래 등의 소비자 관련 항목, 그리고 사회공헌 활동 등의 지역사회 항목으로 이루어져 있음을 확인할 수 있으며, 평가지표로는 안전보건경영시스템 외부 인증, 내부거래위원회 설치 여부, 복리 후생비, 공정거래 자율준수 프로그램 등이 존재한다.

여러 요소 중 많은 기업의 관심을 모으고 있는 것은 공급망 ESG이다. ESG 성과에 있어서는 해당 기업 자체만의 성과뿐만 아니라 공급사나 협력사 등 관계를 맺고 있는 모든 주체들의 성과가 포괄적으로 고려되고 있다. 관련 예시로 EU 집행위원회는 수출 기업에게도 적용되는, 기업 공급망 실사제도 의무화 법안을 추진 중이다. 이 외에도 사회 부문에서는 고객정보보호시스템 및 고용 평등 시스템의 수립 등이 행해지고 있다.

● ESG_지배구조(Governance)

지배구조 측면에서는 환경적, 사회적 가치를 달성하기 위한 공정하고 투명한 이사회와 기업윤리 보존, 반부패 등이 중요시된다. 또한 주주들에게 만족스러운 배당 및 정보 공시를 하는 것 역시 ESG 중 G, 지배구조에 포함된다. 평가지표로는 주주 의견 수렴 장치 여부, 대표이사와 이사회 이장의 분리, 감사위원회 사외 이사 비율 등이 존재한다.

지배구조는 모든 기업 활동의 근간이 되며, 그 중심에는 이사회가 있는 만큼 이사회 구성, 독립성 및 활동에 대한 고려가 중요하다. 그중에서도 이사회 구성의 다양성에 대한 전 세계적인 정보공개 요구가 강해지고 있다. 대표적으로 세계 3대 자산운용사인 SSGA(State Street Global Advisor)는 2021년부터 이사회 다양성에 대한 정보공개를 요구하였으며, 의결권 자문기관인 ISS(Institutional Shareholder Service) 역시 투표 기준에 여성 이사 비율을 반영하는 등 이사회의 성별 및 인종 다양성에 대한 중요성을 강조하였다. 이와 같은 움직임에 따라 대한민국 역시 2019년 2월 여성 임원 할당제를 의무화하였는데, 해당 법안에 따르면 자산 총액이 2조원 이상인 상장기업은 2022

년 7월까지 이사회에 최소 1명의 여성 등기 임원이 있어야 한다. 이는 ESG의 흐름 속에서 바라봤을 때 이사회의 다양성이라는 글로벌 트렌드와 직결되는 부분임을 알 수 있다. 이사회 다양성 외에도 지배구조 부문에는 내부고발자제도의 확립, 내부 비위 발생 여부, ESG 정보공개의 의무화와 같은 논의 사항이 존재한다.

Chapter 2

기업경영의
뉴 패러다임 ESG

● 생존을 위한 지속가능경영

국제적으로 지속가능성이 중요 논의 사항으로 등장한 것은 1987년 UNEP(United Nations Environment Program, 유엔환경계획)와 WCED(World Commission on Environment and Development, 세계환경개발위원회)가 '브룬트란트 보고서'에서 지속가능발전을 제시하면서이다. 보고서에 따르면 지속가능발전은 미래 세대에게 필요한 자원과 잠재력을 훼손하지 않으면서 현세대의 수요를 충족하기 위해 지속적으로 유지될 수 있는 발전을 의미한다. 지속가능경영이 처음 등장한 이후 기업에게 지속가능성에 대한 소비자의 요구가 점차 늘어났다. 이러한 추세에 맞추어 1997년에는 기업이나 기관이 발간하는 지속가능보고서에 대한 가이드라인을 제시하기 위한 비영리단체 GRI(Global Reporting Initiative, 글로벌 지속가능성 표준 위원회)가 미국 보스턴에 설립되었다. GRI 표준은 기관의 지속가능성을 경제, 환경, 사회 부문으로 나누어 평가하는 지표이다. 현재 GRI 표준은 전 세계 기업과 기관이 지속가능보고서나 ESG 보고서를 발간하는 데 기본적인 가이드라인 중 하나로 활용되고 있다.

● ESG로의 국제적인 움직임

지속가능성에 더해 ESG의 개념이 본격적으로 등장한 것은 2005년 UN PRI(Principles for Responsible Investment, 책임투자원칙)가 결성된 이후이다. UN PRI는 지속가능성과 같은 비재무적 요소들이 투자 의사결정의 중요한 요소로 부각됨에 따라 등장했다. 또한 UN PRI는 코피 아난 유엔 사무총장의 지원 아래 환경, 사회, 지배구조적 요소를 투자 결정 및 자산 운용에 중점적으로 고려한다는 원칙을 발표했다. UN PRI는 금융투자원칙으로 ESG를 강조했다는 점에서 현재 기업경영에서 강조되는 ESG 가이드라인의 실질적인 초석을 제시하였다.

ESG와 관련된 또 하나의 중요한 국제적인 움직임 중 하나는 TCFD(Task Force on Climate-related Financial Disclosures, 기후변화 관련 재무정보공개태스크포스)에서 발표한 권고안이다. TCFD는 G20 재무 장관과 금융안정위원회(FSB)가 태스크포스로서 기후변화와 관련된 리스크와 기회 요인을 분석하고, 거버넌스, 전략, 리스크 관리, 지표 및 목표의 4가지 측면에서 재무정보공개 권고안을 제시하며 ESG를 고려한 투자를 권고했다.

최근 2019년에는 EU 집행위원회에서 유럽 그린딜(European Green Deal)을 발표하며 지속가능성을 위한 ESG 가치 실현 노력에 힘을 실었다. 그린딜은 환경과 사람이 중심이 되는 지속가능한 발전을 뜻하는 말로, EU 집행위가 기후변화 대응을 위해 유럽의 중장기 경제성장 전략으로 삼았으며 우선 정책과제로 2050년 탄소 배출의 제로화

(Net Zero)를 목표로 하고 있다.

이처럼 국제적으로 기업에게 ESG 측면의 노력을 요하는 움직임이 확산되자 국내에서도 지속가능성 및 이를 판단하기 위한 ESG 지표가 탄생하고 있다. 2004년 경제정의실천시민연합이 코스피 상장기업의 회계 자료를 활용하여 기업의 사회적 책임 성과를 계량적으로 산출하는 자체 평가 모델을 개발했고, 2008년 한국표준협회(KSA)에서 개발한 ISO26000의 7대 핵심 주제를 기반으로 기업의 지속가능성을 측정하는 사회적 책임 이행 수준 측정 모델인 KSI(대한민국 지속가능성 지수)가 개발되었다. 또한 2021년에는 ESG와 관련한 기업공시제도 개선안을 발표하며 2025년부터 일정 규모 이상 기업, 2030년부터 모든 코스피 상장사의 지속가능경영보고서의 발간을 의무화했다.

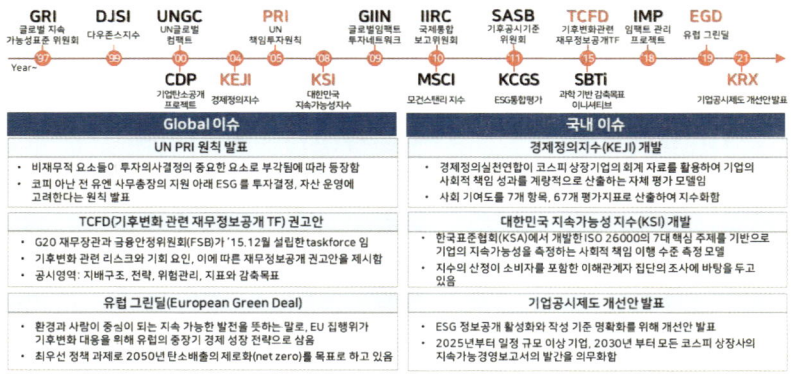

그림 2 타임라인별 ESG 주요 히스토리

주식시장 이끄는 ESG

ESG의 중요성이 강조됨에 따라 ESG와 재무성과 간의 관계가 양의 상관관계임을 증명하는 연구가 진행되는 추세이다. 특히 고베대학교 소속 Rio Murata와 Shigeyuki Hamori의 논문[1] 「ESG Disclosures and Stock Price Crash Risk」에서 기업 주가 폭락 위험도와 ESG 공시 정도의 관계에 대해 연구한 결과, 유의미한 양(+)의 관계를 살펴볼 수 있다. 해당 논문에서는 두 요소 사이의 관계를 증명하기 위해 미국, 유럽, 일본 세 지역에서의 주요 시장에 상장된 기업을 표본으로 하였으며(유럽: STOXX Euro 600 상장 회사, 미국: S&P 500 상장 회사, 일본: Nikkei-225 상장 회사), 각국의 주요 시장 상장기업을 표본으로 선정하였다. 연구 결과의 신뢰성을 부여하기 위해 동적 회귀 분석을 시행하였고, ESG 공시 정도에 대한 표준화된 데이터를 입력하기 위해서 독립 변수로서 'Bloomberg ESG disclosure score'를 채택하였다. Bloomberg는 전 세계 기업 차원에서의 ESG 공시 데이터를 수집하여 ESG 전반과 E, S, G 각 요소의 공시에 대한 등급을 제공하는 기업이며, Bloomberg ESG disclosure score는 동일한 기준과 정량적 데이터를 기반으로 산출되는 데이터이기에 기업의 국적에 관계없이 비교할 수 있는 지표이다. 종속 변수인 주가 폭락 위험도는 NCSKEW와 DUVOL의 두 가지 계수를 통해 특정하였다. 정리하자면, 유럽, 미국, 일본 주요 시장에 있어서 각 기업에 대한 Bloomberg ESG disclosure score와 주가폭락위험(NCSKEW, DUVOL)의 관계를 살펴보았다.

---

1 Rio Murata and Shigeyuki Hamori, 「ESG Disclosures and Stock Price Crash Risk」, J. Risk Financial Manag, 2021

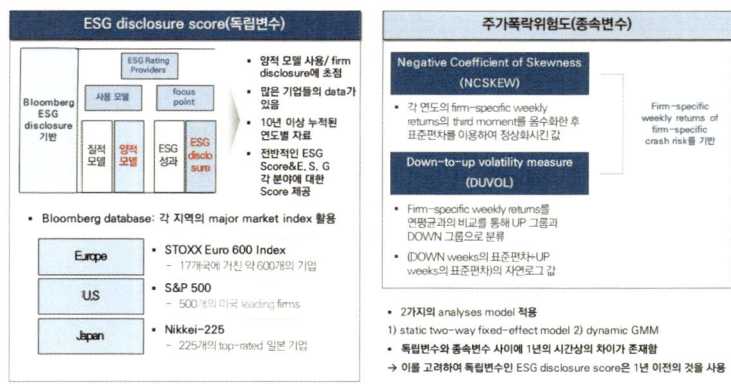

그림 3 독립변수와 종속변수(ESG disclosure, 주가 폭락 위험도)

연구 결과[2] ESG 공시는 유럽과 일본에서는 주가 결정 요인으로 작용함으로써 주가 폭락 위험을 완화하는 반면, 미국의 경우 두 요소의 유의미한 관계가 나타나지 않는 등 ESG 공시와 주가 폭락 위험 간의 관계는 지역에 따른 편차를 보임을 확인할 수 있다. ESG 공시와 주가 결정 관계는 부분적 음의 상관관계로 주가 폭락 위험을 측정하는 2가지(NCSKEW, DUVOL) 중 하나만 유의미한 관계를 드러내며 지역별 세부 연구 결과는 다음과 같다.

미국은 ESG 전반 및 E, S, G 각 요소에 대한 공시 모두에서 통계적으로 유의미한 관계를 보이지 않았으며, 이는 2가지 측정 방식인 NCSKEW와 DUVOL에서 모두 동일한 결과를 보였다. 따라서, 미국에서는 ESG 공시와 주가 폭락 위험이 유의미한 상관관계를 가지지 않았다고 결론 지을 수 있다.

---

2 Boffo, R. and R. Patalano.,「ESG Investing: Practices, Progress and Challenges」, Paris: OECD, 2020

유럽은 ESG를 통합적으로 봤을 때 통계적으로 유의미한 음(-)의 관계를 보인 반면, E, S, G 각각의 요소를 분리하여 고려했을 때는 'Partially Negative relationship'을 보여 주었다. 즉, E, S, G의 각 영역에 따른 공시보다는 E, S, G가 모두 하나로서 합쳐졌을 때의 공시가 주가 폭락 위험도에 대한 예측력을 더욱 강하게 지님을 알 수 있다.

일본 역시 ESG를 통합적으로 봤을 때, 통계적으로 유의미한 음(-)의 관계를 보여 주었기에 ESG 공시가 주가 폭락 위험을 완화시킨다고 결론지을 수 있다. 그러나, 개별 영역에 대한 공시에 있어서 E와 G 영역에서의 공시는 주가 폭락 위험과 유의미한 관계를 보이지 않았던 반면 (Partially Negative relationship), S 영역에 대한 공시의 경우 주가 폭락 위험을 유의미하게 완화시켰음을 확인할 수 있다.

이같이 지역별로 차이가 나는 이유는 국가 내 전체 운용 자산 중 지속가능한 투자 자산의 비율의 차이나 구성원들의 특성에서의 차이 등이 있을 것이다. 해당 연구 결과를 고려했을 때 유럽 투자 유치를 위해서는 ESG 공시를 고려해야 함을 확인할 수 있다. 현재 전 세계 지속가능 투자 자산의 80% 이상이 유럽과 미국에서 발생하고 있는 상황이며, 유럽의 경우 ESG 공시와 주가 폭락 위험 간의 음(-)의 관계를 보이는 동시에 전체 자산 대비 SI 투자 자산 비율 역시 유의미하게 높아 ESG 투자에 민감한 시장이기 때문이다. 더 나아가, 이와 같은 ESG 공시 정도 외에도 재무보고 시기의 일관성, 기업 주식의 투명성 및 CSR 성과 등 ESG와 연관된 요소 역시 기업의 주가 폭락 정도와 밀접한 연관이 있다는 것을 확인할 수 있다.

Chapter 3

탄소중립경제로의 마일스톤

● ESG 관련 주요 기관

ESG가 국제적인 화두로 떠오르면서 ESG와 관련 주요 기관들의 주요한 역할로 ESG에 대한 주요 평가 기준을 제시하고 각 평가영역에 따라 권고안을 발표하며, ESG 관련 정보 공시에 대한 가이드라인을 제공함으로써 기업들로 하여금 자발적으로 ESG 활동에 동참하도록 하는 것이다.

명칭	주요 역할
GRI 글로벌지속가능성 표준위원회	ESG를 포함한 주제들을 기업, 정부, 조직이 공시할 때 참고할 수 있는 가이드라인에 대해 협의하고 제시함
SASB 지속가능회계기준 위원회	기업이 ESG와 관련된 회계 데이터를 기준에 맞게 공개, 보고할 수 있는 가이드라인을 제공함
IIRC 국제통합보고위원회	지속가능성 보고서 작성을 위한 회계원칙을 제정하고, 재무보고와 비재무보고를 통합한 틀을 제시함
CDSB 기후공시기준위원회	기업의 기존 재무보고에 기후변화 관련 정보를 통합하는 방법을 협의하고 실행 방안을 제시함
CDP 탄소정보공개 프로젝트	온실가스를 중심으로 환경에 미친 영향에 대한 공개, 보고를 위한 가이드라인을 협의하고 제시함
TCFD 기후변화 재무정보 테스크포스	기후변화 관련 거버넌스, 전략, 리스크 관리, 위험과 기회를 평가하는 지표 및 목표를 제시함

그림 4 ESG 주요 기관

- GRI(Global Reporting Initiative, 글로벌 지속가능성표준위원회): 지속가능보고서에 포함할 ESG 관련 주제들을 기업, 정부, 조직이 공시할 때 참고할 수 있는 가이드라인에 대해 협의하고 제시하여, 지속가능보고서 작성을 권고함

- SASB(Sustainability Accounting Standards Board, 지속가능회계위원회): 기업이 ESG와 관련된 산업별 회계 데이터를 기준에 맞게 공개, 보고할 수 있는 가이드라인을 제공함
- IIRC(International Integrated Reporting Council, 국제 통합보고위원회): 지속가능성 보고서 작성을 위한 회계원칙을 제정하고, 재무보고와 비재무보고를 통합한 틀을 제시함
- CDSB(Climate Disclosure Standards Board, 기후공시기준위원회): 기업의 기존 재무보고에 기후변화 관련 정보를 통합하는 방법을 협의하고 실행 방안을 제시함
- CDP(Carbon Disclosure Project, 탄소정보공개프로젝트): 온실가스를 중심으로 환경에 미친 영향에 대한 공개, 보고를 위한 가이드라인을 협의하고 제시함
- TCFD(Task Force on Climate-related Financial Disclosures, 기후변화 재무정보 태스크포스): 기후변화 관련 거버넌스, 전략, 리스크 관리, 위험과 기회를 평가하는 지표 및 목표를 제시함

● **탄소회계금융협의체(PCAF)**

탄소회계금융협의체(PCAF)는 2015년 네덜란드에서 시작된 글로벌 금융기관 협의체로, 금융 업계가 투자하는 사업과 관련된 온실가스 배출량을 평가 및 보고하기 위한 회계 방법론을 개발하고자 한다. 즉, 파리기후협약에 따라 금융기관의 자본이 저탄소 경제로 흘러 들어갈 수 있도록 하는 것이 궁극적인 목표이다. 1, 2차 산업과는 달리 금융기관이 직접적으로 배출하는 온실가스 양은 적을 수 있지만, 자본 제공자

"금융기관의 자본이 저탄소 경제로 흘러 들어갈 수 있도록 하는 것이 궁극적인 목표"

로서 간접적인 온실가스 배출량은 상당하며, 그렇기에 금융권의 온실가스 배출량 조절은 필수적이기 때문이다. 실제로 은행은 전 세계적 가용 자본의 대부분을 차지하고 있으며, 파리기후협정 이후로 주요 은행들은 화석 연료 부문에 3조 8천억달러 이상을 투자하는 등 온실가스 간접 배출에 상당히 기여하였다. 이와 관련하여 변화의 필요성 인식이 확산됨에 따라 2021년 기준 전 세계의 약 100개의 금융기관과 기업들이 탄소회계금융협의체에 참여하고 있다.

 금융권이 온실가스의 간접 배출을 감축하기 위해서는 크게 금융 배출량 측정 및 공개, 목표 설정, 전략 수립 그리고 실천이라는 주기를 반복하게 된다. 즉, 은행은 자사의 포트폴리오에 포함된 기업의 온실가스 배출량을 고려하여 투자액을 결정하고 전략을 수립해야 한다는 것이다. 하지만 많은 금융권 기업은 첫 단계인 금융 배출량 측정 및 공개에서 어려움을 겪게 되었다. 투자의 형태 및 자산군이 다양하며, 국가별 회계 기준도 각기 다르기 때문에 표준화된 금융 배출량 산정이 어렵기 때문이다. 이러한 문제를 해결하기 위해서 PCAF는 투명한 기준을 가지고 금융 배출량을 측정 및 평가하기 위해 탄소 회계를 위한 표준을 개발하고 발표하였다. 2020년 11월 PCAF는 '세계 온실가스 회계 보고 기준'에서 금융 업계가 투자하는 사업의 온실가스 배출량을 평가 및 보고하기 위한 통일된 기준 개발 및 채택을 권유함으로써 궁극적으로 금융기관의 간접적 탄소 배출 저감을 추진하고자 하였다. 세부적인 기준 제시를 위해 금융권의 보유 자산을 6가지로 구분(Listed equity and corporate bonds, Business loans and unlisted equity, Project finance, Commercial real estate, Mortgages, Motor vehicle loans)하여 각각에 따른 회계 기준을 제시하였다.

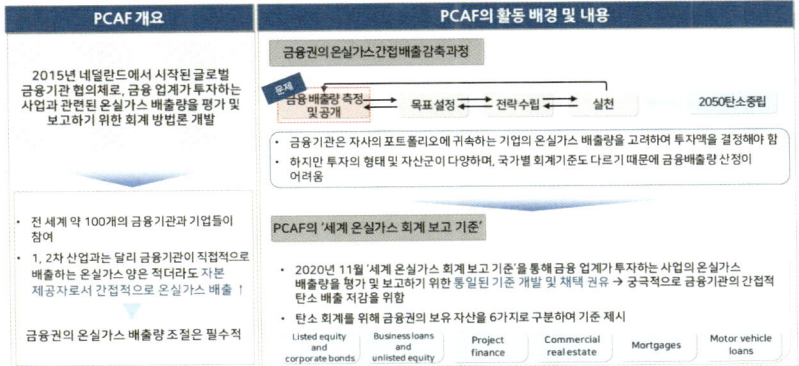

그림 5 탄소회계금융협의체(PCAF) 개요 및 활동

● 저탄소경제로의 이정표 이니셔티브(SBTi)

과학기반감축목표이니셔티브(SBTi)는 2015년에 설립되었으며, 기업이 파리협정의 목표에 들어맞는 온실가스 배출 감축 목표를 설정하기 위한 지침 및 방법론을 제공하는 역할을 담당한다. 즉, 기업이 제시한 탄소 저감 목표가 파리협정의 목표인 '지구의 기온 상승을 산업혁명 대비 2℃ 이하로 유지하고 1.5℃ 이내로 상승폭 제한'에 부합하는지에 따른 인증을 해 주는 것이다. 2020년 9월 전 세계적으로 SBTi를 지지하는 금융기관이 50개를 넘어섬에 따라 금융기관에 특화된 접근의 필요성을 인식한 SBTi는 금융기관용 SBTi 가이던스를 공표하였다. 이는 금융기관에 특화된 표준적 가이던스로, 과학적 기반으로 금융기관의 온실가스 배출 감축 목표에 대한 지침을 제공하기 위함이다.

SBTi에서 요구하는 감축 목표에서 가장 중요한 요소는 기온 상승을 산업혁명 대비 2℃ 이하로 유지한다는 목표 달성에 부합해야 한다는 것이다. Scope 1과 Scope 2의 탄소 배출을 중점적으로 다루되, Scope 3 배출량이 전체 비중의 40% 이상을 차지할 경우 Scope 3의 배출량을 33%로 감축해야 함을 명시하고 있다.

　기업이 SBTi 인증을 받기 위해서는 2년에 걸친 약 4단계의 인증 절차가 요구된다. 1단계에서 기업들은 약정서를 제출해야 하며, 약정서를 제출한 기업들은 'Committed' 단계로 인정된다. 그 이후 2단계에서 기업은 SBTi의 온실가스 감축 목표 기준에 부합하는 각각의 목표를 설정하고 제출하게 된다. SBTi는 목표 설정에 있어서 2개의 목표 옵션(1.5℃ 및 2℃ 미만(well below))을 제공하고 있다. 또한, 중기와 장기로 구분된 구체적인 목표 수립이 요구된다. 2단계에서 기업이 온실가스 감축 목표를 제출하면 3단계에서 SBTi는 해당 목표의 유효성 검사를 진행하게 된다. 이와 같은 승인 과정이 마무리되면 4단계에서 기업명 및 감축 목표가 SBTi 공식 사이트에 공개되며, 이후에는 SBTi 로고를 기업 차원에서의 이해관계자 커뮤니케이션에 활용할 수 있다. SBTi에 따른 목표를 세운 기업들은 2015년 대비 2021년 온실가스 배출량을 25% 줄이는 데 성공하였다. 그뿐만 아니라 SBTi에 따라 목표를 설정한 많은 기업은 1.5℃ 제한 목표보다도 더 빠른 속도로 탄소 저감을 이루고 있음을 확인할 수 있다. SBTi 인증을 거친 금융권 기업들 역시 기후 보호에 대한 이해관계자 요구를 충족함으로써 경쟁력을 강화하고, 탄소중립경제로의 기반을 마련할 수 있었다.

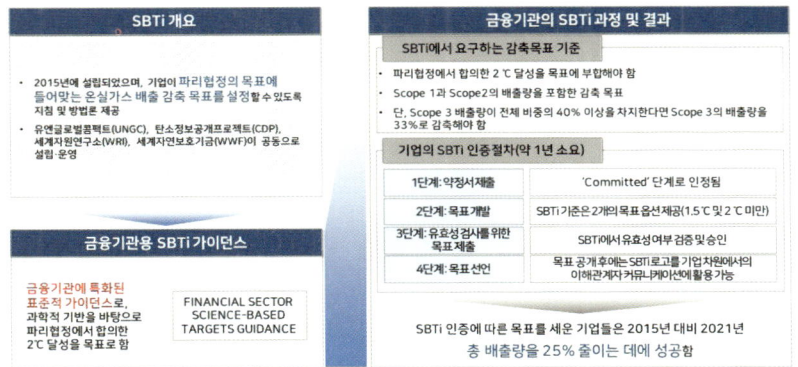

그림 6 과학기반감축목표이니셔티브(SBTi)

🌀 기후변화 우등생만 살아남는다 CDP(Carbon Disclosure Project)

탄소공개프로젝트(CDP)는 전 세계 주요 상장기업(상위 500대 FT500 글로벌 인덱스 기업)의 이산화탄소(CO_2) 또는 온실가스(greenhouse gases) 배출 정보와 쟁점에 관하여 장·단기적인 관점의 경영전략을 요구·수집하여 연구·분석·평가하는 범세계적 비영리기구이다. CDP는 매년 시가 총액을 기준으로 정보공개 요청 대상 기업을 선정하는데, 한국은 시가 총액 200대에 속하는 기업에 정보공개 요청을 한다. CDP의 데이터는 투자자, 국제기구, 학계 등에서 활용되고 있으며, 기업은 정보공개 요청을 받지 않아도 자발적으로 CDP에 참여할 수 있다.

CDP는 크게 CDP Water(물 정보공개프로젝트), CDP Forest(삼림 자원 정보공개프로젝트), CDP Supply Chain 공급망 정보공개프로젝트, CDP Climate Change(기후변화 정보공개프로젝트), CDP Carbon Actions(기후변화 관련 투자자 행동), CDP Cities(도시 기후변화 정보공개프로젝트)로 이루어져 있으며, 탄소경영과 관련된 프로젝트는 CDP Climate Change이다. CDP Climate Change 정보공개 요청 요구 사항은 다음과 같다.

섹션	설명
C0 Introduction	기업 소개 및 보고 연도
C1 Governance	기후변화 관련 의사결정 권한, 내부 인센티브 제도
C2 Risks and opportunities	기후변화 리스크 파악 및 관리 시스템, 주요 기후변화 리스크 및 기회 유형 및 대응
C3 Business strategy	기후변화 대응 전략, 기후변화 시나리오 적용
C4 Targets and performance	온실가스 감축목표, 온실가스 감축활동
C5 Emissions methodology	온실가스 산정 방법론
C6 Emissions data	Scope 1, 2, 3 온실가스 배출량, 원단위 배출량
C7 Emissions breakdown	Scope 1, 2 국가별, 사업별 배출량
C8 Energy	에너지 비용, 에너지 소비 유형 및 비율, 재생에너지 사용 비율
C9 Additional metrics	기타 환경 관련 지표 및 목표
C10 Verification	온실가스 배출량 검증
C11 Carbon pricing	배출권 거래제 및 탄소 크레딧
C12 Engagement	정책 및 협력사 인게이지먼트
C13 Other land management	토지 이용 관련 기후변화 영향
C14 Sign off	

표 1 CDP Climate Change 정보공개 요구 사항

● 전 세계 금융사들의 자발적 행동 협약: 적도원칙(EP)

적도원칙(EP)은 개발도상국의 대규모 개발 사업이 환경 파괴나 인권 침해의 문제가 있을 경우 자금을 지원하지 않겠다는 전 세계 금융기관 간 자발적 협약으로, 2003년 세계 10대 금융기관과 국제금융공사가 공동으로 발표하였다. 과거의 금융기관은 사업의 수익성이나 리스크만을 고려했다면, 적도원칙은 금융권의 기업들이 대형 개발 사업에 금융을 지원할 경우 국제금융공사에서 제시한 환경 및 사회 기준을 준수해야 함을 명시하고 있다. 2021년 2월 기준 37개국의 115개 금융 회사가 참여하고 있으며, 이에 참여한 금융 기업이 신흥국 PF 대출 시장의 70% 이상을 점유한다는 사실을 고려했을 때 EP 원칙의 실효성은 상당하다는 것을 확인할 수 있다. 2003년에 처음 시행된 이후로 지속적으로 개정되었으며, 2020년 10월 1일부터 적용 범위 및 심사 기준이 확장된 적도원칙 IV가 발표되었다.

적도원칙의 적용 범위는 기본적으로 전 세계의 모든 산업 분야이며, 금융권 기업들이 신규 프로젝트를 지원하는 경우 적도원칙은 다음과 같은 5가지의 적용 범위를 제시하고 있다. 이는 기존 프로젝트의 개선을 지원하는 금융에 대해서도 확대하여 적용된다.

1) 프로젝트 총액이 US$ 10백만 이상인 프로젝트 금융 자문서비스
2) 프로젝트 총액이 US$ 10백만 이상인 프로젝트 금융
3) 3가지 조건을 모두 충족하는 프로젝트 관련 기업 대출
   - 대출 금액의 과반이 고객의 (직접 또는 간접적으로) 실질적 지배권 (Effective Operational Control)을 갖는 하나의 프로젝트와 관련
   - 총대출 금액 및 EPFI의 개별 약정 금액(신디케이션 또는 매각 이전)이

각각 US$ 50백만 이상
　　- 대출 기간이 2년 이상
4) 2항 및 3항의 조건을 충족할 것으로 예상되는 프로젝트 금융 또는 프로젝트 관련 기업 대출로 리파이낸스가 의도된 대출 기간 2년 미만의 브릿지론
5) 3가지 조건을 모두 충족하는 프로젝트 관련 리파이낸스 및 프로젝트 관련 인수 금융
　　- 프로젝트가 과거의 적도원칙 Framework에 따라 금융 지원을 제공받음
　　- 프로젝트의 규모 및 범위에 있어서 중대한 변화가 발생하지 않음
　　- 금융 계약서 서명 시점에 프로젝트 준공이 발생하지 않음

적도원칙(EP) Ⅳ 행동원칙은 크게 10가지의 행동원칙을 명시하고 있으며, 이는 다음과 같다.

1) 원칙 1: 검토 및 등급 분류에 대한 내용으로, 금융권 기업들은 프로젝트를 검토한 후 위험 등급을 A, B, C에 따라 분류한다.
2) 원칙 2: 해당 프로젝트의 환경 및 사회적 위험을 적도원칙 채택 금융기관이 만족할 수 있는 수준으로 다루기 위한 환경 및 사회 평가 프로세스 이행을 요구해야 한다.
3) 원칙 3: 고객은 환경 및 사회 평가 프로세스를 다룸에 있어서 우선적으로 프로젝트 소재국의 법규를 준수해야 하며, 적도원칙에 규정된 환경 및 사회 영향 평가의 실시 기준을 충족시켜야 한다.
4) 원칙 4: 고객은 저감 전략 등을 포함하는 환경 및 사회관리시스템을 수립해야 하며, 나아가 환경 및 사회 평가 프로세스에서 요구하는 기준을 준수하기 위한 환경·사회 관리 계획을 준비해야 한다.
5) 원칙 5: 고객은 이해관계자에게 계획 사업에 대한 정보를 제공하고 이를

바탕으로 협의해야 한다.
6) 원칙 6: 고객은 계획된 프로젝트의 환경 및 사회적 성과와 관련된 민원을 관리하기 위한 접수창구를 구축하고 이에 대해 알려야 한다.
7) 원칙 7: 고객은 독립적인 환경·사회 컨설턴트를 선임함으로써 적도원칙 준수 가능성 검토를 위한 환경 및 사회 평가 프로세스 독립 검토가 요구된다.
8) 원칙 8: 적도원칙의 강점으로서, 대출 약정서에 환경 및 사회 관련 서약 조항이 포함된다.
9) 원칙 9: 적도원칙 채택 금융기관은 고객의 적도원칙 준수 여부를 지속적으로 확인하기 위해서 금융종결 이후와 대출 기간 동안 독립 환경 및 사회 컨설턴트를 통한 모니터링과 보고를 요구해야 한다.
10) 원칙 10: 정보공개에 있어서 고객은 환경 및 사회 영향 평가서를 공시해야 하며, 금융기관은 최소 연 1회의 금융 종결 거래와 적도원칙 이행 프로세스에 대한 정보공개가 의무화된다.

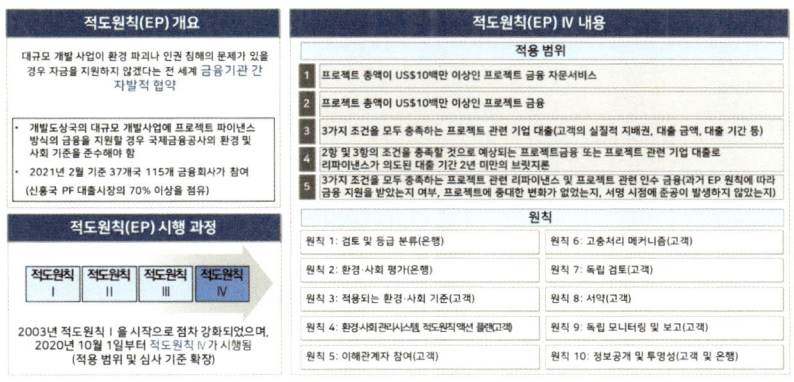

그림 7 적도원칙(EP)

🔵 RE100

ESG에 대한 노력이 더 이상 추가적 노력의 일환이 아닌, 기업 생존에 필요한 활동이 되자 다양한 기업들이 환경 활동에 힘쓰기 시작

> 2050년까지 태양광과 풍력 등 재생에너지로 만든 전력을 100% 사용하겠다는 글로벌 기업들의 자율적 캠페인
> 한국 상황: 자체 건설, 지분 참여, 전력구매계약(PPA), 녹색요금제

했다. 대표적인 예가 바로 RE100 활동이다. RE100이란 'Renewable Energy(재생에너지) 100%'의 약자로 2050년까지 기업이 사용하는 전력의 100%를 풍력, 수력, 태양광, 해양에너지 등 재생에너지 전력으로 충당하겠다는 목표의 국제 기업 참여형 캠페인이다. 에너지 측면에서 보면 기업 역시 대표적인 전력 소비자라고 할 수 있다. 따라서 RE100에 참여한다는 것은 전력의 가장 큰 소비자인 글로벌 기업들이 재생에너지만을 사용해 기후변화 정책에 일조하고 환경 보호에 앞장서겠다는 의미라고 볼 수 있다. 가구, 패션, 식·음료, 금융 등 다양한 분야의 기업들이 재생에너지 사용을 통해 탄소 배출 비용을 감소할 뿐만 아니라, 친환경적 브랜드 이미지 구축을 통한 매출 증대를 노리며 이 캠페인에 참여하고 있다.

Part 2
ESG 국가별 정책 동향

Chapter 1. EU의 가장 중요한 트렌드 ESG · 44
관세가 아니다! 이제는 탄소국경세! · 44
비재무 정보 공시 의무화 사회로의 이동 · 45
유럽 그린딜 · 47
스페인의 ESG · 47

Chapter 2. 중국의 ESG 모델 · 50
중국의 온실가스 배출 현황 · 50
중국의 탄소중립 정책 · 52
ESG의 '중국 모델' · 53
CN-ESG · 55

Chapter 3. 우리나라도 예외가 아니다 · 56
ESG 선언 · 56
한국 ESG 등급 · 58
환경 부문 성과 · 58
사회 부문 성과 · 61
지배구조 부문 성과 · 65

Chapter 1

EU의 가장 중요한 트렌드 ESG

● **관세가 아니다! 이제는 탄소국경세!**

국가적 차원에서 대표적인 움직임은 유럽 그린딜(European Green Deal)이다. 2019년 EU는 2050년까지 EU를 최초의 탄소중립 대륙으로 만들겠다는 내용의 유럽 기후 법안을 발표했으며, 2023년부터 탄소 과다 배출 기업에게 세금을 부과하는 탄소국경세를 도입할 것임을 예고했다. 탄소국경세가 본격적으로 도입되게 되면 글로벌 가치 사슬의 변화가 일어날 것이 예견되기에, 이에 대한 대응 전략이 마련되어야 한다. 기존 국가 무역에서 중요한 것이 관세였다면, 이제는 탄소국경세가 그 자리를 차지하게 될 것이라는 예측이 나오기 때문이다.

이러한 트렌드에 맞춰 세계 각국이 하나둘씩 탄소중립에 관심을 쏟기 시작했다. 우선 미국은 바이든 당선 이후 앞서 화석 연료 장려정책을 펼치던 트럼프와 달리 미국 내 '탈(脫)탄소' 정책을 강화하며 2035년까지 탄소 배출 발전 시설 중단, 친환경 재생에너지 도입 추진 등을 통해 2050년까지 미국 온실가스 배출량을 '0'으로 하는 탄소중립경제 달성을 약속했다. 세계 제1의 탄소 배출 국가인 중국은 2060년 이전까지 탄소중립을 실현하겠다고 밝혔다. 이처럼 전 세계 경제 대국들이 속속 탄소중립 선언을 단행하며 2021년 기준 전 세계 경제 규모의 3분의 2가 넘는 국가가 탄소중립을 지향하고 있다.

● 비재무 정보 공시 의무화 사회로의 이동

EU(European Union, 유럽연합)는 이러한 ESG 트렌드에 어떻게 반응하고 있을까? 유럽에서는 2006년부터 비재무적 정보 공시에 대한 논의가 지속적으로 이루어졌으며, EC(유럽위원회)는 2013년 4월에 회계지침 개정안을 발표하였다. 회계지침에서는 EU법의 한 형태로, EU 회원국들이 달성해야 하는 내용들이 포함

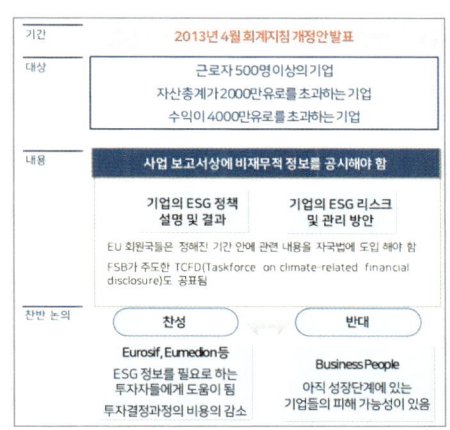

그림 8 회계지침 개정안 발표

"사업 보고서상에 비재무적 정보를 공시하는 것이 의무화되었다."

되어 있으며, 새로운 지침의 제정 혹은 기존 지침의 개정 사안이 있을 경우 회원국은 위 내용을 자국법에 도입해야 한다. 회계지침 개정안으로 인해 근로자 500명 이상의 기업들이 사업 보고서상에 비재무적 정보를 공시하는 것이 의무화되었다. 근로자 500명 이상의 공익 실체(public interest entity) 혹은 통합공익실체(consolidated public interest entity)들은 경영 보고서에 비재무적 정보에 대한 문서를 반드시 포함하거나 별도의 보고서를 발간해야 한다. 보고서에는 환경, 사

회와 고용 문제, 인권, 반부패와 청렴에 관한 내용과 사업체의 비즈니스 모델, 관련 정책의 시행 과정과 결과, 리스크, 비재무적 실적 지표 등의 내용이 공시되어야 한다.[3]

유럽연합의 ESG 정보 공시 의무화에 모두가 찬성하는 것은 아니었다. Eurosif(유럽의 사회책임투자포럼)와 EUmedion(네덜란드 지배구조포럼), CDP(Carbon Disclosure Project) 등의 단체들은 ESG와 같은 비재무적 정보 공시를 의무화하는 것이 이해관계자들의 투자의사 결정에 도움이 될 것이라며 동의를 표했다. 반면 BusinessEurope(유럽경제인연합회)은 비재무 정보 공시 의무화가 아직 성장 중인 기업들에게 CSR 활동에 대한 부담을 가중시켜 피해를 끼칠 수 있다는 의견을 표명하였다. 하지만 궁극적으로 비재무적 정보 공시가 의무화되며 EC(유럽위원회)는 비재무 정보를 공시하는 기업의 수가 2,500사에서 18,000사로 증가할 것으로 전망하고 있으며, EU 내 각 국가의 비재무적 정보 공시를 위한 노력 또한 상당하다.

일부 EU 회원국들은 자국의 법에 EU법에서 규정한 내용보다 더욱 엄격한 요건을 도입하고 있다. 대표적인 국가로는 네덜란드, 스페인, 스웨덴이 있으며, 각각 Guidelines for

국가	관련법	세부 내용
네덜란드	Dutch Civil Code	· 재무적 정보를 비롯한 환경, 근로자, ESG리스크에 관한 정보를 사업보고서에 공시해야 함 · 상장·비상장 기업 모두 비재무적 정보 공시의무가 있음 · 이사 할당제(gender quotas)가 도입됨
스페인	Sustainable Economy Act	· 공기업(state-owned companies)은 매년 지배구조 보고서 및 지속가능성 보고서를 발간해야 함 · 대기업은 2015년까지 이사회 남녀성비를 각각 40%로 맞춰야 함(권고사항)
스웨덴	Guideline for External Reporting by state-owned Companies	· 공기업은 지속가능보고서를 발간해야 함(환경, 인권, 이사회 다양성에 관한 내용이 담겨야 함) · 지속가능보고서는 제3자로부터 검증을 받아야 함

그림 9 유럽 국가 ESG 정책 동향

---

3   공익법센터 어필, '해외 주요국의 ESG 공시 의무 법제'(https://apil.or.kr/?p=12514)

External Reporting by State-Owned Companies, Sustainable Economy Act, Danish Financial Statement Act를 통해 비재무적 정보 공시를 법과 제도로 규정하고 있다. 하지만 비재무적 정보 공시 대상의 범위와 세부 내용에는 차이를 보이는데, 스페인과 스웨덴은 공기업만이 비재무적 정보를 공시할 의무가 있는 반면, 덴마크는 상장기업만이 의무 대상에 포함된다.

● 유럽 그린딜

유럽 그린딜은 2050년 탄소중립을 달성하기 위해 EU가 2019년 12월에 발표한 전방위적 로드맵이다. 사회 전 분야를 전환하기 위한 정책 패키지이며 청정에너지, 지속가능한 산업, 건축 등 7개 분야에 대한 내용이 수록되어 있다. EU는 2020년 1월 유럽 그린딜 투자 계획을 발표하여 유럽 그린딜 추진을 위한 자금 지원 방안을 발표하였다. 향후 10년간 최소 1조유로를 재정적으로 지원을 할 예정이며 민간과 공공 부문의 투자 Framework를 구축할 것임을 공표하였다. 또한 2020년 3월 유럽 기후 법안을 발표하여 유럽 그린딜의 법적인 기반을 마련하였다. 이를 통해 2050년까지 탄소중립을 달성한다는 목표를 법제화하였으며 2030년 온실가스 배출 감축 목표를 50~55%로 상향 조정하였다.

● 스페인의 ESG

ESG에 적극적인 움직임을 보이는 대표적인 국가로는 스페인이 있다. 스페인의 경제는 타 유럽 국가들에 비해 에너지 단위가 높은 경향이 있으며, 에너지 수입 의존도가 높다. 그렇기에 스페인 신재생 에너지 산업의 주요 안건으로 에너지 안보와 에너지원 다양성이 대두되고 있다. 스페인은 풍력에 있어서 독일을 잇는 제2의 풍력 생산국이며 최근 풍력 시장의 성장으로 경쟁력 있는 기업들이 활발히 창출되고 있다. 이러한 기업들이 국제 기술 시장에서 기술력으로 우위를 점하고 있으며 스페인 정부는 마이크로 집광형 태양광 등 신기술에 대한 새로운 목표를 지속적으로 설정하고 있다. 또한 태양열 발전 분야에서도 10MW급 태양열 타워 발전소를 가동 중이며 20MW급 태양열 타워 발전소와 50MW급 발전소를 시공할 예정이다. 그뿐만 아니라 스페인은 현재 제2의 바이오에탄올 생산국의 자리에 위치하고 있다. 하지만 미국의 보조금이 투입된 저가 바이오디젤의 수입 증가에 따라 바이오디젤 생산은 둔화되고 있는 상황이다.

 2018년 6월 사회당인 Pedro Sanches 정부는 기존의 농림수산식품환경부에서 환경 분야를 별도로 분리하여 친환경 전환부를 신설하였고 기후변화 및 에너지 전환법안을 제정하기 위한 준비를 시작했다. 2019년 2월 기후변화 및 에너지 전환법의 초안이 발표되었고 2020년 5월 기후변화 및 에너지 전환법안이 최종적으로 정부에 입법안으로 제출되었다.

 기후변화 및 에너지 전환 법안은 우선적으로 2030년까지 온실가스 배출량을 1990년 대비 20% 감축하는 것을 목표로 하며, 최종 목표는 2050년까지 탄소중립 사회를 실현하는 것이다. 법안의 주요 내용에는 신재생 에너지 확대, 에너지효율 향상, 내연기관 차량 제한, 친환경 도시화, 포용적 전환 등 10개의 주요 주제들이 포함된다. 스페인 정부는 2030년까지 최종 소비에너지의 35%와 전체 생산 전력의 70%를 신재생에너지로 대체하는 것과 2030년까지 일차에너지 소비를 현재보다 35% 이상 감소시키는 것을 목표로 수립하였다. 또한 2040년 이후 내연기관 자동차의 판매를 금지하였으며 2023년까지 인구 5만명 이상의 도시를 저탄소 배출 구역으로 의무 지정하는 등의 조치를 하였다. 더 나아가 친환경 사회로 전환하는 과정에서 일자리 소멸과 같은 경제적인 피해가 부득이하게 발생할 것에 대비하여 5년 주기의 포용적 친환경 전략을 수립하는 것을 의무화하였다.

스페인의 기후변화 및 에너지 전환 법안은 유럽 그린딜과 발맞추어 스페인 경제 회복에 중심적인 역할을 할 것으로 기대된다. 법안 제정 이후 10년간 2,000억 유로의 투자와 매년 25~35만개의 일자리가 창출될 것으로 예상된다. 또한 신재생에너지 개발과 에너지효율성 향상과 같은 효과로 2030년까지 GDP의 1.8%가 향상되는 경제 성장 효과 또한 유발될 것으로 추정된다.

Chapter 2

중국의 ESG 모델

● 중국의 온실가스 배출 현황

온실가스는 지구온난화, 오존층의 파괴 등 기후변화 위협의 주범이다. 이러한 기후변화가 심각한 환경 문제를 야기하면서 세계 각국은 강력한 온실가스 감축 일정을 발표하고 있다. 이러한 상황 속에서 중국은 세계에서 온실가스 배출을 가장 많이 하는 국가 중 하나이다.

2016년 유엔환경계획(UNEP)이 추정한 전 세계 온실가스 배출량은 약 528억톤이다. 이 중 중국의 온실가스 배출량을 유엔기후변화협약(UNFCC), 국제에너지기구(IEA), 세

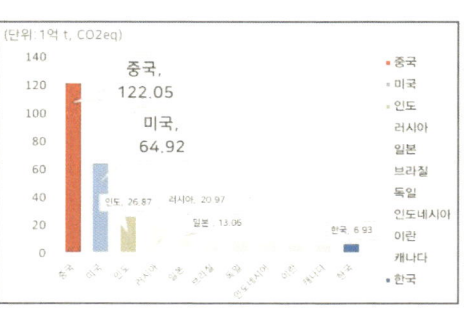

그림 10 국가별 온실가스 배출 현황

계자원연구소(WRI)의 통계를 종합하여 추정한다면 122억 500만톤이다. 이는 전 세계 배출량의 4분의 1로 국가들 중 1위를 차지한다. 그

렇기 때문에 중국의 온실가스 배출로 인한 환경 문제는 세계 각국의 비판을 받고 있으며 중국은 대책 마련에 대한 압박을 받고 있는 상황이다.

2001년과 비교했을 때 2002년부터 2016년까지의 중국의 지역별 CO_2 증가 및 배출량[4]을 살펴보면, 중국의 Hebei, Shandong, Henan, Jiangsu, Sichuan 지역이 가장 많은 이산화탄소를 배출한다. 이 지역들을 살펴보면 1인당 GDP가 CO_2 배출량에 큰 영향을 미치고 있다. 1인당 GDP가 높은 지역일수록 CO_2 배출량이 높으며, 산업경제가 큰 지역일수록(Hebei, Shandong, Jiangsu) CO_2 배출량이 높다. 또한 각 지역의 에너지 집약도[5]도 CO_2 배출량과 연관성이 높다(Hinan 제외).

중국은 지역에 따라 온실가스 배출량의 편차가 크게 나타나는데, 그 이유는 지역별로 경제 발전이나 기술 수준의 격차가 크기 때문이다. 내몽골 지역과 같이 미발달된 지역의 1인당 온실가스 배출량이 높은 이유는, 이 지역들이 중국의 에너지 생산 기지와 공업용 자재의 공급 기지 역할을 수행하기 때문이다. 실제로 내몽골에서 생산되는 전력의 1/3 이상이 다른 지역으로 송출되고 있으며, 베이징과 같이 발달된 지

---

4 Lei Wen·Zhenkai Li, 'Provincial-level industrial CO_2 emission drivers and emission reduction strategies in China: Combining two-layer LMDI method with spectral clustering', 2020.1.15(www.sciencedirect.com/science/article/pii/S0048969719343657?casa_token=wLN9rT2t_sAAAAAA:Ifut0AhOGT2Z7xnREYL-0LxISIestcrezCkdSozb2_HBbQol5pxTz9XG5tB8k1DnKczzowCxgOs)
5 에너지집약도(Energy Intensity): 국내총생산(GDP) 1,000달러 생산을 위해 투입되는 에너지의 양으로, 에너지 효율성이 높아질수록, 국민경제에서 에너지 다소비 산업의 비중이 낮을수록, 동일 산업 내에서도 고부가가치 제품을 생산할수록 낮아진다.

역은 미발달된 지역으로부터 에너지를 수입하여 사용하고 있다. 따라서 내몽골의 온실가스 집약도가 베이징 온실가스 집약도의 5배 수준에 이르고 있다. 하지만, 중국 온실가스 배출의 직접배출량 중 85%는 도시 지역에서 발생했으며 이 배출량은 향후 지속적으로 증가할 것으로 예상된다.

● 중국의 탄소중립 정책

세계 각국과 환경단체의 압박을 받으며 중국 또한 탄소중립 계획을 발표했다. 2020년 미국의 바이든 정부가 2050년 탄소중립을 위해 향후 10년간 1조 7000억달러를 투자한다는 계획을 발표하자, 중국의 시진핑 주석은 2020년 UN총회에서 2060년까지 탄소중립을 실현할 것이며, 30년간 100조위안(약 1.7경원)을 친환경 분야에 투자하겠다고 밝혔다. 중국의 연평균 투자액은 560조원으로 미국(187조원), 유럽(EU)(130조원)과 비교했을 때 가장 높은 금액이다.

"2060년까지 탄소중립 실현 및
30연간 100조위안
친환경 분야 투자하겠다."
- 중국 시진핑 주석, 2020 UN총회 -

이러한 중국의 대응은 ESG 투자에 집중되고 있는 글로벌 자본시장의 흐름을 의식한 것으로 보인다. 또한 2020년 세계 최대 자산운용사인 블랙록이 투자 결정 시 '기후변화'와 '지속가능성'을 핵

구분	미국	중국	유럽(EU)	한국
탄소중립 (발표 시점)	2050년 (2020년 7월)	2060년 (2020년 9월)	2050년 (2019년 12월)	2050년 (2020년 10월)
친환경 투자	10년간 1.7조달러 (약 1,870조원)	30년간 100조위안 (약 1.7경원)	10년간 1조유로 (약 1,300조원)	2025년까지 73.4조원
연평균 투자	187조원	560조원	130조원	연평14.7조원
ESG 펀드 규모	1,790억달러 (약200조원)	1,790억달러 (약200조원)	1,790억달러 (약200조원)	1,790억달러 (약200조원)

그림 11 UN총회 중국 탄소중립 발표 계획

심 목표로 삼겠다고 밝히며 중국을 포함한 세계 각국은 ESG의 흐름을 더 이상 무시할 수 없게 되었다.

중국 공산당 창립 100주년을 맞는 해이자 14차 5개년 계획이 시작되는 첫해인 2021년, 시진핑 주석은 3월 전국 양회에서 중국의 정책 방향에 대해 발표하였다. 시진핑 주석은 녹색 발전, 과학 기술 역량 강화, 내수 확대의 3대 분야를 주요 경제정책 방향으로 설정하였다. 또한, 2020년 UN총회에서 발표한 탄소중립 계획에서는 전력 구성 중 재생에너지 비중을 2018년 6%에서 2030년 20% 확대 발표한 것에서, 2021년 14차 5개년 발표에서는 2025년까지 20%로 확대하겠다고 시기를 5년 앞당겼다. ESG 관련 흐름이 포스트 코로나 시대 자본시장의 주요 지표가 될 것으로 예상되면서, 중국은 점차 탄소중립 정책을 적극적으로 펼쳐가고 있다.

● ESG의 '중국 모델'

중국에서는 현재 모든 상장기업에 대해서 ESG 정보공개 의무화를 시행하고 있지만, 국가에서 발표한 표준화된 ESG 공개 권고사항이나 지표는 없다. 중국증권관리감독위원회(CSRC), 상하이와 선전 등 일부 지방 당

그림 12 중국 내 ESG 정보공개 현황

국이 기업의 지속가능발전과 사회적 책임에 대한 지침을 내리고 있는 상황이다.

중국의 ESG 발전 과정을 살펴보면, 2012년 홍콩증권거래소(HKEX)와 홍콩 인터뱅크 클리어링 리미티드가 제안 수준의 'ESG 보고 가이드'를 발표하였다. 2015년에 홍콩증권거래소는 제안 수준에서 준수 또는 설명으로 ESG 보고 요건을 업그레이드하여 협의서를 발행하였으며, 2017년에는 중국생태환경부와 중국증권관리감독위원회(CSRC)가 '상장기업 환경 정보공개 공동 실시 협력 협정'을 발표하며 환경 정보공개 의무화 규정을 제정하였다. 2018년에는 중국자산관리협회(AMAC)의 '중국 상장기업 ESG 평가시스템 연구보고서 및 녹색투자 가이드'가 공식 발표되며 ESG 측정 핵심지표시스템을 구축하였다. 또한 2019년에는 홍콩증권거래소의 '거래소 상장기업 ESG 공시 개선 의무화 ESG 지침'이 발표되었다.

그렇다면 중국 내 ESG 정보공개 현황은 어떻게 될까? 중국의 CSI300 회사 중 ESG 정보공개 비율을 보면 2013년 54%에서 2019년 85%까지 증가했다. 이는 시진핑 주석의 친환경 드라이브 정책에 의한 영향으로 볼 수 있다. 그러나 CSI300 회사의 ESG 정보공개 중 회계 감사를 받은 회사의 비율은 2013년부터 2019년까지 11~12%만을 차지하고 있다. 중국의 ESG 정보공개에 대한 해외의 평가 또한 부정적이다. 중국 기업들의 ESG 공개 범위와 품질은 국제 표준에서 뒤처져 있으며, CSI300 기업의 블룸버그 ESG 평균 공시 점수는 주요 증시 지수 기업 중 최하위이다.

● CN-ESG

ESG 투자가 확산되며 중국 내 산업들이 해외에서 죄악산업(도박, 담배, 술, 석탄, 광물 등)이라는 비판을 받고 있어 ESG 자금을 받지 못할 수 있다는 우려와 함께, 기존 ESG 체계의 정보공개가 부족하다는 해외의 평가로 인해 중국은 중국형 ESG 지표 표준화의 필요성을 절감하게 되었다. 2020년 12월 중국 최대 보험기업 중 하나인 평안보험그룹과 중국 경제정보원은 중국형 ESG 지표인 'CN-ESG 평가 시스템'을 발표했다. CN-ESG는 10개 이상의 ESG 테마, 130개 기본지표, 350개 데이터 지표, 40개 이상의 리스크 및 기회 지표를 통합하였다. 중국은 CN-ESG 지표 도입으로 중국이 관여할 수 있는 ESG 지표 시스템을 구축하고, ESG 정보공개의 범위와 품질을 개선하고자 한다.

Chapter 3

우리나라도
예외가 아니다

● ESG 선언

2017년 5월 10일 취임한 문재인 정부 역시 ESG와 관련된 다양한 추진 방향성을 제시하였으며, 2021년 3월에 진행된 제48회 상공의 날 기념식에서는 2021년을 '모두를 위한 기업 정신과 ESG 경영' 확산의 원년으로

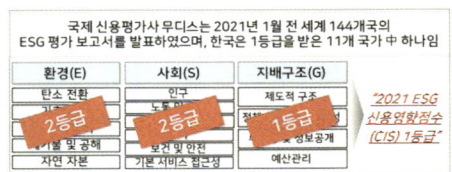

그림 13 한국 ESG 등급

삼을 것임을 밝혔다. 공식적인 자리에서 처음으로 ESG를 직접적으로 언급하여 그 중요성을 역설하였고, 각 분야에 대한 세부 목표와 더불어 공시 제도 개선, 표준 확립 및 인센티브 제공을 추진할 계획임을 언급하였다.

이에 따라 넓은 차원에서의 ESG 관련 주요 논의 사항 2가지와 E, S, G 각 분야에 있어서 文 정부의 추진현황을 살펴보고자 한다. 먼

저 넓은 차원에서 바라봤을 때 지속가능경영보고서 공시제도 개선 및 K-ESG와 같은 ESG 표준 마련이 주요 논의 사항임을 알 수 있다. ESG 공시에 있어서 ESG 투자가 활발하게 이루어지는 미국이나 유럽은 대부분의 주요 상장사들이 지속가능경영보고서를 발간함으로써 ESG 관련 성과를 공시하고 있다. 이에 반해 국내의 경우 2020년 기준 약 110개의 기업이 발간하고 있으며, 이는 2019년보다도 더 낮아진 수치임을 확인할 수 있다. 또한, 현재 한국은 ESG 관련 공시에 있어서 사업보고서는 의무화되었지만, 지속가능보고서는 자율로서 존재하기에, ESG 관련 공시의 점진적인 강화를 위한 체계를 준비하고 있다. 이와 관련하여 금융위원회는 2021년 1월 '지속가능보고서 공시 3단계 추진 계획'을 발표하였다. 해당 계획에 따르면 2025년부터 자산 2조원 이상의 코스피 상장사에게 지속가능보고서를 의무화할 예정이며, 2030년부터는 해당 의무를 코스피 全상장사로 확대할 계획이다. 두 번째 논의 사항은 ESG 표준 마련이다. 국내·외로 ESG 평가지표가 약 600여개 존재함에 따라 동일 기업에 대한 상이한 ESG 평가 결과가 나오는 등 많은 혼란이 발생하였으며, 사용하는 해외 지표가 국내기업의 특성을 반영하지 못함에 따라 발생하는 불이익의 가능성이 상당하다는 사실이 밝혀졌다. 이와 같은 문제점을 해결하기 위해서 2020년 4월 한국생산성본부 및 전문가들은 '산업발전법'에 근거하여 한국 맞춤형 ESG 지표인 K-ESG를 준비하였고, 2021년 1월 그 초안이 공개되었으며, 피드백을 바탕으로 수정 후 하반기에 최종적인 지표가 발표될 예정이다.

● **한국 ESG 등급**

2021년 1월 국제 신용평가사인 무디스의 ESG 평가에서 가장 높은 등급인 1등급을 받았다. 평가 대상인 144개국 중 1등급을 받은 국가들은 한국과 스웨덴, 싱가포르 등 11개국이었으며, 이는 각 국가의 ESG 수준이 국가 신용 등급에 미치는 영향을 평가한 것이다. 즉, 한국이 속한 1등급 국가들의 경우 ESG 수준이 상당히 높음에 따라 국가 신용 등급에 있어서 양(+)의 영향력을 지녔다는 것이다. 해당 등급은 E, S, G의 각 요소를 종합적으로 고려한 것이지만, 각각의 요소를 나누어 살펴봤을 때 환경(E)은 5가지의 세부 항목에 모두 2등급이 부여됨에 따라 종합 등급 2등급을 받았으며, 사회(S) 부문의 경우 대부분의 세부 항목에서 1등급을 받았으나 빠른 고령화 속도 및 높은 노인 비중으로 인해 '인구' 부문에서 부정적인 평가를 받았다. 마지막으로, 지배구조(G)의 경우 모든 세부 항목에서 1등급을 받음에 따라 종합적으로 1등급을 기록하게 되었다.

● **환경 부문 성과**

文 정부의 100대 국정 과제 중 환경과 관련된 과제는 총 4가지이며, 해당 4가지 항목에 대한 2017~2021년 사이의 성과를 살펴보고자 한다.

1. **신기후 체제에 대한 견실한 이행 체계 구축(국정 과제 61번)**

文 정부는 범지구적인 기후변화 논의에 적극적으로 참여하고 기후변화에 대응하는 세계적인 트렌드를 따라가기 위해 다양한 추진 전략 및 계획을 발표하였다. 2017년 12월 '재생에너지 3020 계획'을 시작으

로 2020년 7월 '한국판 뉴 딜'을 발표하였고, 대표과제 10개 중 3개(그린 리모델링, 그린 에너지, 친환경 미래 모빌리티)는 그린 뉴 딜 추진을 다루고 있다. 2020년 12월에는 '2050 탄소중립 추진 전략'과 '2030 국가 온실 감축 목표'를 제시함으로써 환경 분야에서의 정부 차원의 추진 사항을 구체화하였다.

2. 미세먼지 걱정 없는 쾌적한 대기 환경 조성(국정 과제 58번)

이는 미세먼지 문제 해결을 위한 국가적 대응 체계 구축 노력을 의미하며, 미세먼지특별대책위원회 및 국가기후환경회의 설립 등의 성과가 있다. 또한, 2019년 12월부터 2020년 3월까지 처음으로 계절 관리제를 시행하였다. 이는 미세먼지 고농도 발생 빈도가 높아지는 계절에 평소보다 강화된 감축 방안을 추진하는 것을 의미한다. 그뿐만 아니라 노후한 석탄 발전소를 조기 폐지하고 대기 오염 물질 사업장에 대한 기준을 강화하는 등 4대 핵심 배출원을 집중적으로 관리하고자 하였다.

3. 지속가능한 국토 환경 조성(국정 과제 59번)

무분별한 개발을 막고 지속가능한 국토 환경을 조성하기 위해서 국토 계획 및 환경 보전 계획의 통합 관리에 관한 공동 훈령을 제정하고 제5차 국가 환경 종합 계획과 제5차 국토 종합 계획을 연계 수립하는 등의 노력이 이루어졌다. 더 나아가, 물 관리 일원화를 추진함으로써 수질 및 수량을 관리하고, 물 관리 관련 문제를 해소하고자 하였다.

4. 국민 건강을 지키는 생활 안전 강화(국정 과제 57번)

생활 안전 강화에 있어서는 화학 물질 및 제품 안전과 관련된 조항이 강화되었으며, 예시로는 생활 화학 제품 및 살생물제의 안전 관리에 관한 법률 시행이 있다. 이와 관련된 피해 지원 역시 강화하여 2017년 8월 기준 약 280명이었던 가습기 살균제 피해자 지원을 2020년 4월 기준 약 2,920명까지 확대하였다. 해당 분야 이외에도 조명 환경 관리 구역을 지정함으로써 생활 속 불편함이 없도록 빛 환경을 관리하였다.

이와 같은 정부 차원의 ESG 추진 노력이 진행되고 있음에도 불구하고 그 내용에 있어서 다양한 비판 및 지적 사항이 존재한다. 특히 ESG 논의가 가속화됨에 따라 가장 많은 관심을 받았던 '한국판 그린 뉴 딜'과 '2050 탄소중립 추진 전략'에 대한 지적 사항에 대해 이야기하고자 한다. 한국판 그린 뉴 딜의 경우 명확한 목적성과 세분화된 과제를 제시하는 듯하였으나, 기존 친환경 정책과의 차별성이 부족하다는 지적이 많았다. 즉, 용어 차이는 존재하지만, 이전 정부의 친환경 사업을 정리 및 나열한 것에 불과하다는 것이다. 또한, 이는 정부 차원에서의 정책은 맞지만, 그럼에도 불구하고 공공의 책임을 언급하기보다는 민간 기업, 특히 그중에서도 대기업의 노력 및 책임에 무게가 실렸다는 점에서 역시 비판을 받게 되었다. 이와 같은 논의 외에도 실효성에 대한 논란이 불거졌다. 다양한 친환경 사업을 언급하고 있는 것 같지만, 사실상 언급된 그린 뉴 딜 사업 210개 중 91개만이 직접적인 온실가스 감축 효과가 있다는 것이다. 이대로 진행될 경우 정부가 사전에 제시한 온실가스 목표 감축량인 6천만톤의 20%만 감축이 가능하다는 문제점이 지적되었다.

'2050 탄소중립 추진 전략'에 있어서는 전반적으로 구체적인 이행 방안에 대한 언급이 부족하다는 문제가 지적되었다. 특히, 전력 부문에 대한 구체적인 이행 방안 수립은 탄소 배출 감축에 있어서 필수적인 부분임에도 불구하고 구체적인 내용이 명시되어 있지 않았다는 것이다. 또한, 환경친화적인 정책을 펼치는 것이 물론 중요하지만, 현실성에 대한 고려가 부족하다는 지적 역시 존재하였다. 예를 들어, 철강, 석유 화학, 시멘트 부문을 2050년까지 저탄소 구조로 전환하겠다는 추진 전략은 현재의 기술력으로는 실현 불가능하다는 것이다. 이와 같이 환경 부문에서의 국정 과제를 중심으로 많은 성과가 이루어졌음에도 불구하고 그 실효성 및 구체성에 대한 지적 사항이 존재함을 확인할 수 있다.

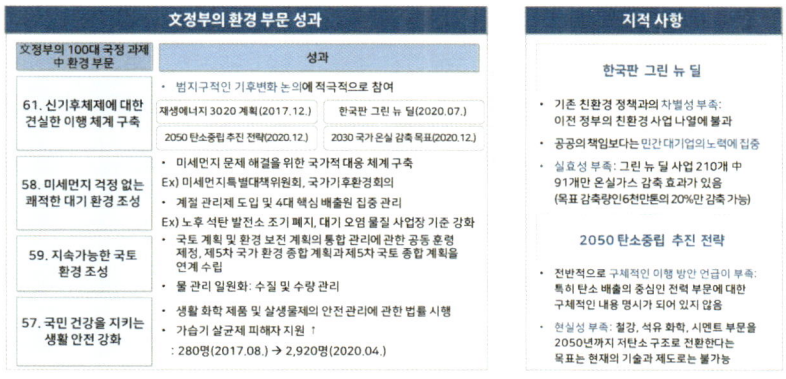

그림 14 환경 부문 성과 및 지적 사항

● 사회 부문 성과

과거 사회적 가치 실현의 한계를 극복하고 사회 부문에 있어서의 공공의 역할을 강조하기 위해 2020년 1월 15일 文 정부는 '사회적 가치 실현을 위한 공공 부문의 추진 전략(사회적 가치 기본법)'을 발표하였다. 해당 추진 전략에는 '사람 중심 포용 사회', '안전하고 지속가능한 환경', '역량 있는 시민·공동체', '상생경제'라는 4대 실현 방향과 하위에 속하는 13대 추진 과제가 존재하며,[6] 공공 부문의 사회적 가치 실현에 있어서 전반적인 틀을 제공하고 있다. 따라서 해당 틀 내에서 2017~2021년 文 정부의 사회 부문에서의 성과를 정리하고자 한다.[7]

1. 사람 중심 포용 사회

인권, 건강·보건, 노동, 사회 통합 등의 세부 추진 과제를 포함하고 있으며, 文 정부의 가장 대표적인 성과는 노동자 및 근로자 인권 보호를 위한 주 52시간 근무제 도입이 있다. 또한, 고용 보험 적용 대상을 확대하고 실업 급여 보장성을 강화함에 따라 평균 임금 대체율이 증가하였음을 확인할 수 있었다. 그 외에도 기초 생활 보장 부양 의무자 기준을 단계적으로 폐지하였고, 2018년 9월 아동 수당을 도입한 후 만 7세 미만 모든 아동을 지원하는 것으로 확대하여 2020년 기준 약 263만명의 아동을 지원하였다.

2. 안전하고 지속가능한 환경

환경과 안전의 2가지 세부 추진 과제를 포괄하고 있으며, 해당 부문에서 두드러지는 성과는 산업안전 법령의 강화이다. 다른 OECD 국가들에 비해 산업 재해 사망률이 높음에 따라 관련 법률의 필요성이 강

---

6 사회적경제과, '사회적 가치 실현을 위한 공공부문의 추진전략', 기획재정부, 2020.1.15
7 교육부, '[문재인정부 4년] 사회정책 성과·계획'

조되었고, 2018년 '산업안전보건법(일명 김용균법)'이 국회를 통과하였으며, 2020년 개정됨으로써 산업안전을 보장하기 위한 제도적 노력이 이루어졌다. 그뿐만 아니라 범정부 재난 안전 예산을 확대함으로써 선제적으로 위험 요소를 예방하고, 아동 학대 전담 공무원 및 요원을 2020년 대비 2021년 약 1.9배만큼 확대하는 등의 노력이 이루어졌다.

3. 역량 있는 시민·공동체&상생경제

역량 있는 시민·공동체는 시민사회, 참여, 지역경제, 지역사회 등의 세부 추진 과제를, 상생경제는 CSR, 상생협력, 일자리 등의 추진 과제를 포함하고 있다. 이와 관련된 성과로는 일과 휴식의 균형을 위한 지원 확대가 있으며, 근로자 휴가 지원 대상을 2018년 2만명에서 2020년 9.6만명으로 크게 확대한 것을 확인할 수 있다. 그뿐만 아니라 국민내일배움카드 발급 대상의 확대를 통해 중장기 직업 역량 개발을 지원하고자 하였으며, 상생결제제도를 의무화함에 따라 상생 결제액이 7.4%만큼 증가하는 성과를 달성하였다.

사회 부문 성과에 있어서는 '산업안전보건법'과 주 52시간 근무제에 대한 해당 기업과 예외 기업에 형평성, 위반 시 책임소재에 대한 구체적 방안 미흡이 여전히 해결할 과제이다. '산업안전보건법'의 경우 산업안전을 위한 제도적 노력이 이루어졌다는 점에서 의의가 있지만, 사망사고 비율이 매우 높은 조선, 건설 등의 분야에서 도급을 금지하는 조항이 부재함에 따라 본래 취지에 부합하지 않다는 지적이 있다. 이와 같이 보호 적용 대상이 포괄적이지 않으며, 처벌 규정에 있어서 상한선이 존재함에도 불구하고 하한선이 존재하지 않음에 따라 솜방망이 처벌에 그칠 것이라는 우려 역시 존재한다. 이와 같은 이유로 인해

2020년 개정된 '산업안전보건법(일명 김용균법)'은 '김용균 없는 김용균법'이라는 평가를 받고 있다.

　주 52시간 근무제의 경우 근로자 인권을 보장하고자 하는 의도는 충분히 이해할 수 있지만, 기업의 입장을 충분히 헤아리지 못하였다는 비판이 존재한다. 즉, 주 52시간 근무제가 곧 의무화될 시기였던 2020년 11월 중소기업중앙회의 설문 조사에 따르면 중소기업 500곳 중 주 52시간 근무제를 적용할 준비가 안 된 기업이 무려 39%이었다. 해당 정책을 펼치기 이전 모든 기업이 정책을 수용할 수 있는 환경을 사전에 마련해야 했음에도 불구하고 그 과정이 이루어지지 않았다는 것이다. 그뿐만 아니라 2020년의 경우 코로나19로 인해 특별 연장 근로제에 있어서 상반기 사용 일수를 무효 처리함으로써 주 52시간 근무제의 의도와 역행하는 태도를 보임에 따라 해당 정책의 실효성에 대한 의문이 증가하였다.

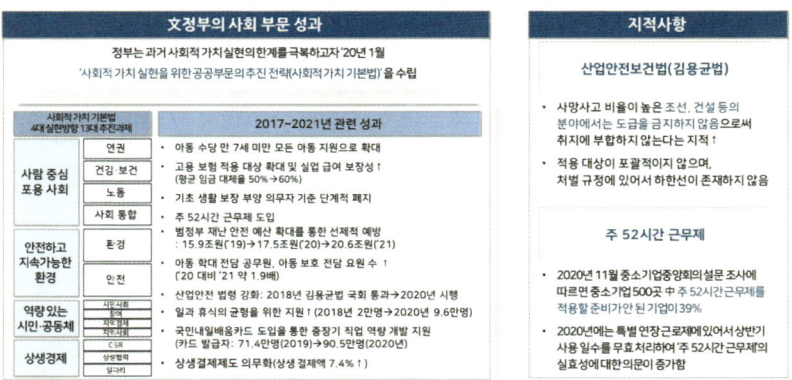

그림 15 사회 부문 성과 및 지적 사항

🔵 지배구조 부문 성과[8]

비록 무디스의 ESG 평가에 있어서 한국은 지배구조 부문에서 1등급을 받는 성과를 이루어 냈지만, 2020년 국내 17개 기업을 대상으로 DJSI 평가를 시행한 결과 지배구조 부문에서 세계 평균인 60점보다 낮은 점수인 47점을 기록하였음을 확인할 수 있었다. 이는 낮은 배당 성향 및 기업 그룹 내 관계사와의 부당 거래 등에서 비롯한 것이었다. 이와 같은 상황에서 文 정부의 지배구조(G) 성과는 다음과 같은 두 가지 요소로 구분될 수 있다.

1. 공정경제

- 공정거래 관련 법규 강화: 공정거래와 관련된 법규는 최근 지속적으로 강화되고 있으며, 가장 두드러지는 법규는 2020년 12월 국회 본회의를 통과한 '공정거래 3법'이다. 이는 자회사 및 손자 회사의 강화 및 사익 편취 규제 대상을 확대하는 내용 등이 포함되어 있다.
- 공정한 시장 질서 확립: 이는 하도급, 가맹 등의 취약 분야에서 乙의 피해를 구제하기 위한 노력을 포함한다. 그 예시로는 부당한 단가 인하 등의 불공정 행위에 대한 규제를 강화하는 것이 있다. 이에 따라 2017년 대비 2019년 거래 관행 개선 체감 여부에 있어서 하도급, 가맹, 유통의 비율이 모두 증가하는 성과를 이루었다.

---

8 관계부처협동, 『공정경제: 공정경제 성과모음집』, 공정거래위원회, 2020

2. 기업 내 지배구조 개선

- 재벌 개혁 및 주주권 보호: 앞서 언급했던 것처럼, 기업 그룹 내 관계사끼리 부당 거래 등은 건전한 지배구조 환경 조성에 큰 방해 요소로서 작용하였다. 이와 같은 현상을 방지하고 적극적인 주주권 행사 및 소액 주주의 권리를 보장하기 위해 文 정부는 스튜어드십 코드를 도입하였으며 다중 대표 소송제를 의무화하는 등의 성과로 나타났다. 더 나아가, 주주 총회에 참여하지 않더라도 투표권을 부여하는 섀도우 보팅을 폐지함으로써 주주들의 의사를 보다 더 명확하게 반영할 수 있도록 하였다.
- 자율적인 지배구조 개선 유도: 정책으로서 강제성을 부여하는 것 외에도 기업의 자율적인 지배구조 개선을 유도함으로써 순환 출자가 일부 해소되었다. 상호 출자 제한집단이 2017년 93개에서 2019년 4개로 줄어드는 등 순환 출자 고리 수가 감소하였음을 확인할 수 있다.

지배구조 부문의 지적 사항으로는 전반적으로 경영권 침해에 대한 논란이 있으며, 크게 공정거래 3법과 다중 대표 소송제의 의무가 있다. 먼저 공정거래 3법의 개정 당시 해외 투기 자본의 교란 및 기업의 경영권 위협에 있어서 별도의 방어권이 마련되지 않은 상태로 급하게 제정된 것이 아니냐는 지적 사항이 존재하였으며, 시행 시기 역시 부적합하다는 평가가 있다. 즉, 코로나19로 인해 기업들의 부담이 극대화된 상황에서 강화된 공정거래 법안은 기업에 추가적인 부담으로 작용하며, 시기상 적합하지 않았다는 것이다.

다중 대표 소송제는 모회사의 주주가 자회사의 이사를 대상으로 손해 배상을 제기할 수 있도록 한다. 이는 기업에게 부담이 되는 것을 넘어서서, 모회사와 자회사가 각각 주주가 존재함에도 불구하고 해당 정책으로 인해 모회사 주주가 자회사 주주의 이해관계를 무시하는 무시당하는 구조를 만드는 것이라는 비판이 존재한다.

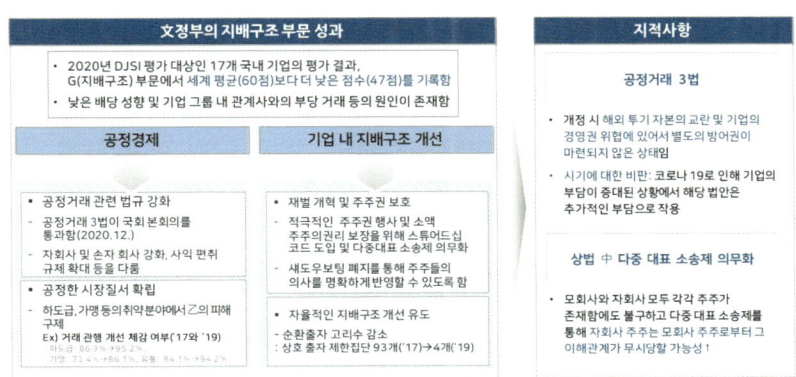

그림 16 지배구조 부문 성과 및 지적 사항

Part 3
주요 지표 및
국내외 ESG 전략

Chapter 1. ESG 주요 지표: 기업경영의 지속가능성을 평가 • 70
DJSI 개념 • 70
DJSI의 구성 및 평가 기준 • 70
MSCI(Morgan Stanley Capital International Index) • 71
MSCI ESG 평가 체계 및 평가 기준 • 73
국내 ESG 지표 • 74

Chapter 2. ESG 브랜딩 시대: 국내기업의 ESG 전략 • 77
NAVER • 77
SKT • 79
삼성SDS • 82
LG CNS • 84
KT • 86
삼성전기 • 89
한국전력(KEPCO) • 91

Chapter 3. ESG 브랜딩 시대: 해외 기업 ESG 전략 • 93
IBERDROLA • 93
알리바바 • 95
평안보험그룹 • 97

Chapter 4. ESG는 대기업의 전유물이 아니다! • 100
중소·중견기업으로 확산하는 ESG • 100
중견 및 중소기업 ESG 대응 사례 • 102
중소기업 지속 성장을 위한 ESG 가이드 • 105

Chapter 1

ESG 주요 지표: 기업경영의 지속가능성을 평가

● DJSI 개념

ESG는 기업의 지속가능성을 평가하는 나침반의 역할을 하며, 따라서 ESG 기준인 평가지표는 국내외에 걸쳐 다수 존재한다. 그중 대표적인 ESG 평가지표로서 DJSI(Dow Jones Sustainability Indices, 다우존스 지속가능경영 지수)가 있다.

DJSI는 글로벌 금융정보사인 미국 S&P Dow Jones Indices와 지속가능경영평가 선도 기업인 RobecoSAM사가 개발하여 지난 1999년부터 전 세계 2,500개 기업(시가총액 상위 기업)을 대상으로 기업의 지속가능성을 평가하는 평가 기법으로, 기업의 가치를 재무적 정보뿐만 아니라 사회적, 환경적 성과와 가치를 종합적으로 평가하는 글로벌 평가 모형이다.

● DJSI의 구성 및 평가 기준

다우존스 지속가능경영 지수는 나라별, 대륙별로 상이한 편입 기준을 적용하여, 융통성 있게 평가하고 있다. DJSI 지수는 전 세계 유동 시가 총액 기준 상위 2,500대 기업을 평가하는 DJSI World, 아시아 지역 상위 600대 기업을 평가하는 DJSI Asia-Pacific, 국내 상위 200대 기업을 평가하는 DJSI Korea 지수로 구성되어 있다. 이 외에도 DJSI Europe, DJSI North America 등 다양한 지역별 지수가 존재한다. 여기서 DJSI Korea의 경우, 한국생산성본부가 2009년부터 로컬 파트너로 참여하여 S&P Dow Jones Indices, RobecoSAM과 공동으로 개발한 세계 최초 국가 단위 다우존스 경영 지수이며, 매년 평가 결과를 공개하고 있다.

DJSI 평가 요소 중 가장 특징적인 것은 평가 과정에서 '산업별 특수성'을 고려한다는 것이다. 산업별 특수성을 반영하기 위해 DJSI 평가 설문은 공통 항목과 산업별 항목(최소 50% 이상)으로 나눠서 진행되며, 각각의 항목은 경제적(33%)/환경적(33%)/사회적(33%) 측면의 이슈를 반영하는 질문들로 구성되어 있다.

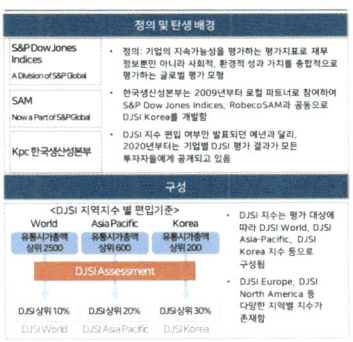

그림 17 DJSI 개요

● MSCI(Morgan Stanley Capital International Index)

MSCI(Morgan Stanley Capital International Index, 모건스탠리 지수)는 미국 투자 은행인 모건스탠리의 자회사 '모건스탠리 캐피털 인터내셔널'이 작성하는 세계 주가지수를 말하며, 전 세계를 대상으로 투자하는 글로벌 펀드의 주요 지표로 사용되기 때문에 다우존스 지수와 더불어 그 영향력이 매우 크다. MSCI는 국제금융 펀드

"MSCI에 편입된 기업들을 대상으로 ESG 등급 평가가 이루어진다."

의 중요한 투자 기준이 되며, 특히 MSCI 선진국 지수에 편입된 국가는 명실상부한 '선진 주식시장'으로 인정받는다. MSCI는 세계 각국의 증시를 선진 시장, 신흥 시장, 프런티어 시장 3가지로 분류하여 대표 지수를 산출한다. 또한 종류에 상관없이 매년 분기, 반기마다 편입 비율을 조정하며, 이를 '리밸런싱'이라고 한다.

세계적인 주가지수인 MSCI 역시 지속가능경영이 중요해지는 국제적 요구에 따라 MSCI에 포함된 기업들을 대상으로 ESG 등급을 산정하는 프로세스인 MSCI ESG Research가 있다. MSCI ESG 리서치는 기업체들의 ESG 위험/기회 요인에 대한 노출 정도와 다른 동류 기업과 요인 관리 정도를 비교하여 AAA에서 CCC까지 등급을 평가한다. MSCI ESG 평가 등급은 37개 핵심 ESG 이슈에 대해 기업의 노출 정도와 대안 데이터 세트를 매주 검토하여 평가한 1000개 데이터 점수를 사용하여 산정한다.

MSCI는 200여명의 전문 인력과 함께 인공지능(AI)과 기계 학습 기술을 활용해 기업체들을 지속적으로 추적 관찰하고 업데이트하여 적절한 ESG 식견을 제시한다. MSCI ESG 리서치는 ESG에 대한 다양한 이해관계자들의 높아지는 수요를 인식하여 평가 등급을 2019년부터 공개하기

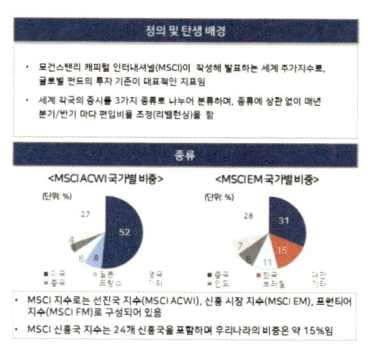

그림 18 MSCI 개요

시작했다. 기업 및 산업계의 기타 이해관계자들이 더욱 투명하고 역동적인 ESG 데이터와 통찰력에 접근함으로써 재정적으로 가장 적절한 ESG 위험성과 기회를 확인할 수 있게 한다는 임무의 일환으로 이를 공개하는 것이다. 사용자들은 각 기업의 ESG 등급, ESG 등급 평가 이력, 동류 기업 대비 차이점, 개별 기업에 영향을 미치는 ESG 관련 주요 이슈 등을 확인할 수 있다.

● **MSCI ESG 평가 체계 및 평가 기준**

MSCI ESG 등급은 DJSI(다우존스 지수)와 달리 편입 여부로 산출되는 것이 아닌, 점수에 따라 등급이 책정된다는 점에서 차이가 있다. 등급은 총 5가지 단계에 거쳐 세밀하게 판단된다.

① GICS(Global Industry Classification Standard)[9] 하위 산업마다 핵심 이슈를 판단한다.
② 환경, 사회, 지배구조 3개의 기둥(Pillar) 하위에 있는 35가지의 중요 이슈 (ESG Key Issue) 중에서 리스크·기회 요인들의 산업 영향 시급성과 산업 중요도를 기준으로 가중치를 차등 설정한다.
③ 가중치를 매긴 산업별 이슈들 중, 위험·기회 요인에 대한 평가를 '노출 점수(Exposure Score)'와 '관리 점수(Management Score)'를 합산하여 계산한다(0~10).
④ 기업 지배구조 평가는 산업별 구분 없이 평가하고, 핵심 이슈 4가지 사항

---

9   글로벌 산업분류 기준(Global Industry Classification Standard, GICS): 1999년 MSCI 및 S&P가 개발한 산업 분류 체계이다. 11개의 부문(sector), 24개의 산업 그룹, 69개의 산업 및 158개의 하위 산업으로 구성되어 있다.

에 해당할 경우 감점한다.

⑤ 점수를 기반으로 AAA 등급부터 CCC 등급으로 구분. AAA~AA 등급은 LEADER, A~BB 등급은 AVERAGE, B~CCC 등급은 LAGGARD 지수로 편입한다.

MSCI ESG 등급의 평가항목은 환경, 사회, 지배구조의 총 3가지 기둥(Pillar)과 하위 10가지 기둥별 테마(Theme), 그리고 마지막 테마별 핵심 이슈 35가지로 구성되어 있다.

● **국내 ESG 지표**

현재 전 세계에 존재하는 글로벌 ESG 관련 지표는 국가별, 산업별 기업의 특성을 최대한 반영하기 위해 노력하지만 국내에서는 한국 시장 상황에 맞는 평가방식에 대한 요구가 높아지고 있다. 이러한 요구에 부응하기 위해 국내에서도 한국 기업의 ESG 활동을 평가하기 위한 지표가 만들어지고 있다.

KCGS(Korea Corporate Governance Service, 한국기업지배구조원)는 2003년 지배구조 평가로 시작하여 2011년부터는 사회 책임과 환경경영이 포함된 ESG 평가를 통해 매년 국내 상장 회사의 지속가능경영 수준을 평가하고 있다. ESG 평가의 목적은 상장 회사가 현재 자사의 지

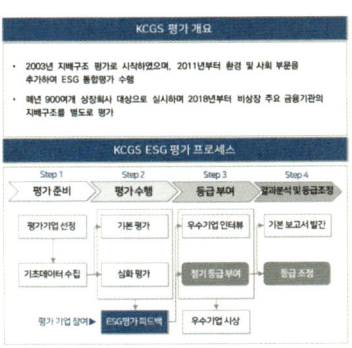

그림 19 KCGS 개요

속가능경영 수준을 점검하고 개선에 활용할 수 있도록 지원하는 것이

다. 한국기업지배구조원의 ESG 평가 모형은 OECD 기업 지배구조 원칙, ISO26000 등 국제 기준에 부합할 뿐만 아니라 국내 법제 및 경영 환경을 충실히 반영하여 개발된 독자적 평가 모형이다. KCGS는 매년 900여개 상장 회사 대상으로 평가를 실시하고 있으며 2018년부터 비상장 주요 금융기관의 지배구조를 별도로 평가하고 있다. 주요 평가항목으로는 환경성과, 이해관계자 대응 정도, 근로자 및 협력사 관계, 지역사회공헌 정도, 이사회 독립성 등이 있다.

KEJI(Korea Economic Justice Institute Index, 경제정의 지수)는 경제정의실천시민연합(경실련) 산하 경제정의연구소가 자체적으로 개발한 평가 모형으로 KOSPI 상장기업의 회계 정보 자료를 활용하여 기업의 사회적 책임 성과를 계량적으로 산출한 점수이다. KEJI는 바람직한 기업이 갖추어야 할 요건으로 기술 혁신, 환경오염 방지, 노사 화합, 고객만족, 사회 공동체로서의 활동, 경영 전문화, 본업에 대한 성실성, 준법정신, 건전한 재무 구조, 경제 발전에 대한 기여 등 10가지 기준을 선정하고 기업 활동의 건전성 및 공정성, 사회봉사, 환경, 고객만족, 종업원, 경제 발전 등에 대한 기여도 등 7개 항목과 67개 평가지표를 설정하여 점수를 부여하고 지수화한다.

KSI(Korean Sustainability Index, 대한민국 지속가능성 지수)는 기업의 지속가능성을 측정하기 위해 한국표준협회(Korean Standards Association, KSA)가 ISO26000을 기반으로 개발한 지표이다. 이 지수는 각 기업 이해관계자와 업종 전문가가 직접 참여한 조사 결과를 바탕으로 산출되며, 주된 평가 내용은 지속가능성 트렌드에 대한 기업의 대응 여부와 지속가능성 영향에 대한 기업의 관리·개선 여부이다. 지속가능성 트렌드 항목들은 지속가능경영의 해외 전문가 및 전문기관이 선정한 지속가능성 트렌드 리스트를 바탕으로 개발되었으며, 지속가능성 영향의 항목들은 사회적 책임 국제 표준 ISO26000을 기반으로 개발되었다.

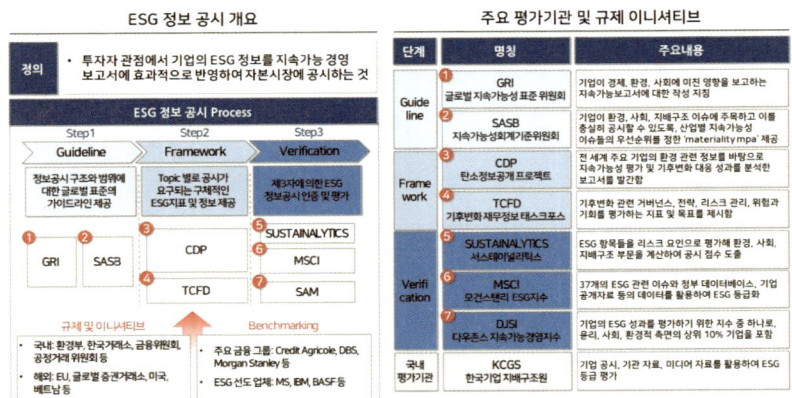

그림 20 ESG 관리체계

Chapter 2

ESG 브랜딩 시대: 국내기업의 ESG 전략

● NAVER

국내 영향력으로만 따지면 경쟁자가 없는 IT 플랫폼 기업인 네이버는 선도적으로 ESG 전략을 추진하고 있는 기업 중 하나이다. 우선 네이버는 ESG 기업 가치 제고 전략 체계를 재설정하는 데에 있어 '기업 가치 최대화(Maximizing Business Value)'와 '운영 리스크 최소화(Minimizing Operational Risk)'라는 두 가지 목표 아래 추진 과제들을 설정하고 있다. 기업 가치 최대화 측면에선 ① 지배구조 투명성 유지 및 선진화, ② 인적 자본 경쟁력 강화, ③ 파트너 성장 지원 확대, ④ 친환경 이커머스 생태계 조성이라는 주요 과제를 도출하였고, 운영 리스크 최소화 측면에선 ① 정보 보호·사이버 보안 리스크 최소화, ② 공정거래, 윤리 경영 관리 강화, ③ 2040 Carbon Negative 달성이 있다. 네이버는 그중에서도 환경적으로 '탄소 제로화'에 힘쓰고 있으며 'Operational Excellence, Future Green Product, Offset Partnership'이라는 주제 아래 2040년까지 탄소 네거티브를 달성하겠다는 목표를 발표했다.

네이버는 제1사옥 그린 팩토리와 데이터 센터에 에너지효율 설비를 대대적으로 구축하여 에너지 절감에 앞장서고 있으며, 다양한 프로그램을 통해 소상공인 및 스타트업을 지원한다. 이 외에도 네이버의 환경, 사회적 측면의 사업과 지배구조 측면에서 ESG적 활동을 정리해 보면 다음과 같다.[10]

1) Environment(환경)
- 제1사옥 '그린 팩토리': 열 차단 칸막이, LED 조명, 인버터 등의 설비 투자와 지열 설비를 이용한 여름철 전기 소비량 감축 등 지속적으로 에너지 절감 노력과 더불어 칼로리가 기재된 계단실 마련, 자전거 주차 공간 설계 등 에너지 절감 실천을 독려
- 데이터 센터 '각': 스노우 멜팅, 태양광·태양열 발전, 외부 공기를 통한 자연 냉각 시스템 등을 활용해 효율적으로 서버 열을 감소시킨 데이터 센터
- 친환경 봉투 프로젝트: 네이버의 동네 시장 장보기에 입점한 가게들을 대상으로 100% 생분해성 수지로 제작된 친환경 봉투를 지원하는 프로젝트로 소비자에게는 신뢰감을 선사하고 동네 시장은 친환경 마케팅 효과를 획득

2) Social(사회)
- 스테이션 제로(Station Zero): 서비스 기획 직군의 신입사원들이 입사 후 3~6개월 동안 전사 서비스에 대한 개선 과제 발굴과 개선점을 구체화하는 방안을 CEO 및 담당 서비스 부서 리더들에게 제안하는 프로그램
- D commerce: 데이터를 활용한 사업자의 온라인 창업 성장을 위해 다양한 교육과 자금, 컨설팅을 지원하는 프로그램이며 플랫폼 사용에 제한이 없는 만큼 다양한 고객층이 활용하며 신규 오픈, 상품 프로모션 등 고객과의

---

10   네이버, '네이버 2020 ESG 보고서', 2020

원활한 커뮤니케이션이 가능
- D2 스타트업 팩토리: 기업형 액셀러레이터로서 AI, 로보틱스, 핀테크, 커머스, 디지털 헬스, AR/VR 등 뛰어난 기술력을 지니고 있는 스타트업에 전략적으로 투자하며 네이버와 상생 방안을 모색함

3) Governance(지배구조)
- 주주 친화 경영: ESG 이슈에 대한 최고 의사결정을 수행하기 위해 ESG 위원회를 결성하고, 사외 이사의 애널리스트 데이 참관 등을 시도하여 소통 기회를 확대
- 이사회 독립성 보장: 이사회 의장과 대표이사 역할의 철저히 분리시키고, 재무·회계 전문가 및 법률 전문가를 포함하여 감사위원회 전원을 사외 이사로 구성함

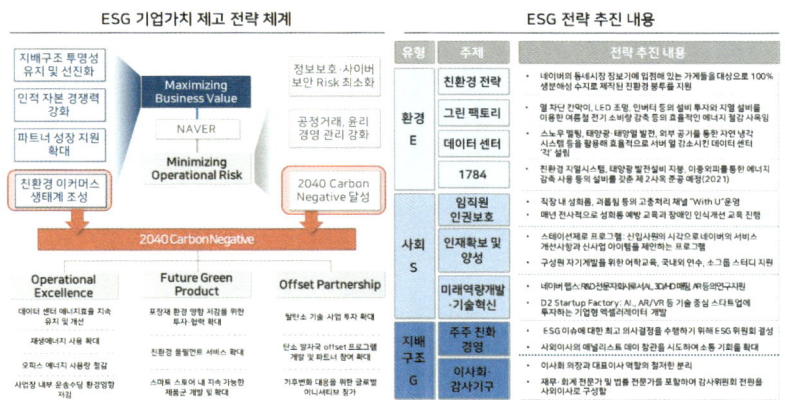

그림 21 NAVER ESG

● SKT

SKT는 국내 ICT 기반 통신 기업의 선두 주자이다. 5G, 통신 인프라 등 뛰어난 IT 역량을 보유하고 있는 SKT는 IT 기술을 적극 활용한

ESG 사업을 진행하고 있다. 우선 SKT의 환경경영전략 체계는 ICT 기반의 지속가능한 미래 구현이란 비전 아래 선제적 기후변화 대응, 환경경영 시스템 고도화, 친환경 Green Culture 조성이라는 추진 과제를 도출하여 ESG 사업을 추진하고 있다. 또한 사회적 가치 창출을 위해 SKT는 안전, 건강, 편리라는 3가지 가치를 중심으로 비즈니스 모델과 연계된 사회적 가치 창출 가속화 프로세스를 가지고 있다.

SKT는 이-옵티마이저(E-Optimizer)를 통해 건물 내 에너지 절감 효과를 달성하고 T-map 등을 통해 친환경 서비스를 실시하며, 다양한 사회공헌 활동을 통해 더 나은 사회에 이바지하고 있다. 이외에도 ESG 사업을 정리해 보면 다음과 같다.[11]

1) Environment(환경)
- 이-옵티마이저(E-Optimizer): 에너지 사업 노하우와 인공지능, 머신러닝 기반의 분석 기법을 통한 전력 비용 컨설팅 및 관리 서비스로, 건물과 공장의 전력 비용을 효율적으로 관리해 에너지 절감 방식을 제공
- T-MAP 친환경 개선: 과속하고 급감속하는 운전 습관을 가진 사람에게 보험료를 할인해 주는 혜택을 제공하여 운전자가 온실가스 배출을 최소화할 수 있는 동기를 부여함. 차량 주행 거리, 시간 등을 단축하여 연간 100만톤 규모의 온실가스 감축 효과를 누림

2) Social(사회)
- 쿡스토브 보급 사업: 2018년부터 미얀마 환경부와 함께 건조 지역 주민을 대상으로 쿡스토브를 보급하는 사업으로, 미얀마 현지에서 쿡스토브를 제작

---

11 SKT, '2019 SKT주식회사 2019 지속가능경영보고서', 2019

하여 일자리 창출 및 지역경제 활성화에 이바지하고, 온실가스 감축 및 가사노동 환경 개선에 기여
- SKT 행복 커뮤니티 봉사단: ICT 연관 자원봉사 및 재능 기부 활동으로, '인공지능 돌봄 서비스' 수혜 가정을 직접 방문해 '누구(NUGU)' 사용법 등을 안내하고, 독거 어르신들의 말벗이 되어 드리는 자원봉사를 실천
- 사회공헌 플랫폼 운영: 기부 플랫폼과 자원봉사 매칭 플랫폼인 '기브유(GiveU)'와 '위드유(WithU)'를 개발하여 전년 대비 40% 증가한 4.9억원의 모금액을 기록하였으며, 2019년 '위드유' 통해 등록된 일감은 45,107건을 기록함

3) Governance(지배구조)
- 주주 권익 보호: 소수 주주의 의결권 행사를 독려하기 위해 집중 투표제를 채택하고, 주주 총회 소집 통지를 서한으로 발송하여 SK텔레콤의 주요 경영 성과와 사업 비전, 재무 현황 등에 대한 정보를 제공함
- 성과평가: 공정한 성과평가가 이루어지도록 하고, 평가 시 재무 성과뿐만 아닌 사회적 가치 비중이 확대되도록 노력함

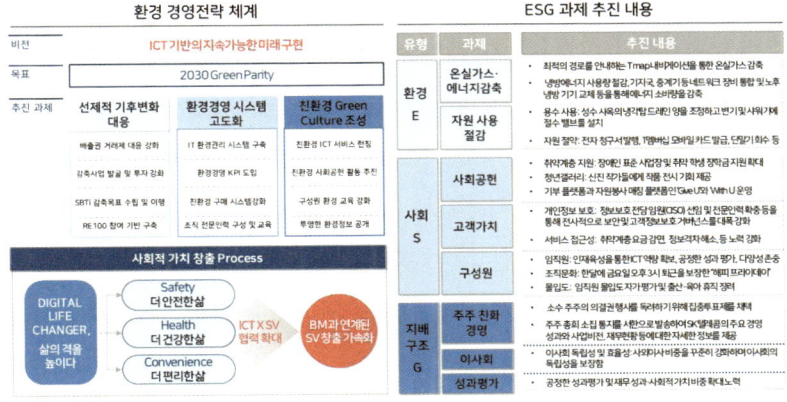

그림 22 SKT ESG

● **삼성SDS**

　삼성SDS는 삼성의 ICT를 담당하는 자회사이며, 다양한 업종에서 고객사의 Digital Transformation 혁신과 IT 솔루션을 제공하는 회사이다. 삼성SDS는 생산성 혁신을 도모하는 엔터프라이즈 솔루션 및 4차 산업혁명을 견인하는 AI, 클라우드, 블록체인 등의 IT 기술력을 기반으로 제조, 금융, 물류, 리테일 등 다양한 비즈니스 영역에 걸친 솔루션을 제공한다. 삼성SDS는 데이터를 통한 디지털 트랜스포메이션 리더로 거듭나자는 비전 아래 과제 추진 대상을 소비자-임직원-파트너로 구분하여 ESG 전략 체계를 구성하고 있다.

　삼성 SDS는 기업 데이터 센터를 에너지 친화적으로 건설하고, 다양한 아카데미 및 오픈 세미나를 통해 IT 지식에 대하여 공유할 수 있는 장을 마련하는 등의 ESG 사업을 활발히 펼치고 있다. 다음은 삼성SDS의 주요 ESG 활동을 정리한 것이다.[12]

1) Environment(환경)

- 춘천 데이터 센터: 서버, 네트워크 등 IT 자원을 가상화해 소프트웨어로 자동 통합 관리하는 SDDC(Software Defined Data Center) 기술을 통해 에너지를 효율적으로 운영함과 동시에 서버 룸 내 냉복도와 열복도를 분리 배치하여 냉기 유출을 최소화하는 등 에너지효율에 최적화된 데이터 센터를 설립
- ICT 온실가스 인벤토리 시스템: 데이터센터 소비 전력을 자동 측정하고 온실가스 배출량을 실시간으로 집계할 수 있는 시스템을 구축했고, 시스

12　삼성SDS '삼성SDS 지속가능경영보고서 2019~2020', 2019~2020

템 내 IT 장비 사용량과 데이터센터 설비 사용량을 실시간으로 측정하는 DCIM(Data Center Infra Management System)을 구축하여 각 구성 요소별 에너지 사용량을 측정함

2) Social(사회)

- 스마트 쉼 토크 콘서트: 청소년과 IT 전문가가 모여 스마트폰 활용, IT 발전 방향, IT를 통한 사회 문제 해결 등에 자발적으로 참여하여 대화하는 프로그램으로, 청소년의 바른 IT 사용 문화 조성을 위한 사회공헌 프로그램
- Brightics Academy: 국내 유수 대학들과 협력하여 당사 데이터 분석 AI 플랫폼 'Brightics'를 활용한 분석 연구 수행을 지원하고, 2019년 Brightics Academy 공모전을 실시하여 대학생들의 IT 역량 및 경험을 증대
- X-Change 오픈 세미나: 개발자, 운영자들이 새로운 기술을 익히고, 개발 및 운영 Best Practice를 공유하는 자리를 통해 지식 공유의 장을 구성

3) Governance(지배구조)

- 주주 권익 보호: 주주 권리 행사에 필요한 충분한 정보를 시의적절하게 제공하며, 3개년 배당 성향을 25% 이상 유지하고 최대 30%까지 상향하는 배당정책을 공시
- 이사회 독립성·전문성: 이사회 중 사외 이사를 총수의 과반수인 4인으로 구성하며, 사외 이사후보추천위원회를 통해 IT, 경영, 회계, 법률 등 여러 분야에서 전문 지식과 경험이 풍부한 전문가로 구성

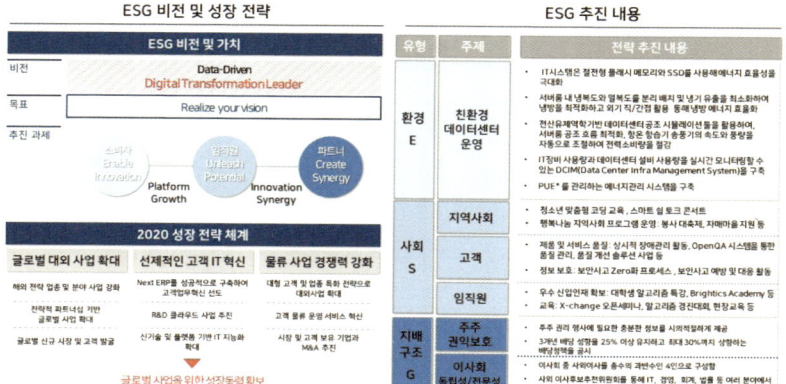

그림 23 삼성 SDS ESG

● LG CNS

LG CNS는 IT 프로젝트를 통해 국내외 고객에게 컨설팅, 시스템 구축 및 운영, 토털 아웃소싱 등의 종합 서비스를 제공하는 LG 자회사이다. 클라우드, AI, 빅데이터, IoT, 블록체인 등 IT 신기술을 바탕으로 다양한 비즈니스 영역에 컨설팅을 제공하며 4차 산업혁명 시대 디지털 혁신을 이끌고 있는 선도사이다. LG CNS는 'Digital Innovation Enabler'가 되겠다는 비전 아래 전문 역량 혁신, 사업 방식 혁신, 사업 구조 혁신 및 본격 성장이라는 추진 과제를 도출하여 ESG 사업을 운영하고 있다.

LG CNS는 에너지 모니터링 및 관리를 효율적으로 할 수 있는 친환경 IT System을 개발하여 친환경에 이바지함과 동시에, 청소년 및 사내 임직원들을 위한 여러 교육 프로그램을 진행하며 ESG 사업을 활발하게 운영 중이다. 다음은 CNS의 환경, 사회적, 지배구조 측면의 사업

활동을 정리한 것이다.[13]

1) Environment(환경)
- 부산 글로벌 클라우드 데이터 센터: 데이터센터 굴뚝인 풍도(風道)와 빌트업 외기(外氣) 냉방 시스템 설치로 에너지효율을 끌어올렸고, 무중단 전원 공급, 스마트 보안 등 안전시설이 탑재되어 있음
- 친환경 IT System: 에너지 사업에서 축적된 예측 기술과 최적화 알고리즘을 통해 다양한 운영 상황에 대응할 수 있는 Multi-purpose EMS(Energy Management System)를 운영

2) Social(사회)
- 스타트업 몬스터: 사외 기술 스타트업을 육성하는 프로그램으로, 선발된 기업에 6개월간 비용 및 공간, R&D 멘토링, 파일럿 프로젝트 추진 기회 등을 지원함
- IT 드림 프로젝트: IT 분야에 재능과 꿈이 있는 학생을 선발하여 코딩 집중 학습 프로그램을 제공하는 캠프이며, Ev3, 3D 프린터 등을 활용하여 SW를 학습하고, 멘토링을 통해 진로 탐색의 기회를 제공
- G-camp: 글로벌 정예 인재 육성을 위한 어학프로그램으로 해외 사업의 수주부터 이행까지 현장 중심의 IT 비즈니스 언어 습득을 위해 '글로벌 비즈니스 커뮤니케이션' 과정을 운영

3) Governance(지배구조)
- 정도(正道) 경영: 윤리 규범의 사내 배포 및 정도 경영 추진 조직을 운영함과 동시에 금품수수 자진 신고, 사이버 신문고, 부정비리 신고 포상 등의 사내제도를 마련함

---

13 LG CNS, '2020~2021 지속가능경영보고서', 2021

- 이해관계자: 이해관계자를 고객, 임직원, 주주 등 6개 그룹으로 정의하고 이들에 대해 다양한 쌍방향 커뮤니케이션 채널을 운영하고 있음

그림 24 LG CNS ESG

● KT

KT는 SKT와 함께 통신 ICT 부분에서 선두를 다투고 있는 기업으로, ICT 역량을 활용하여 다양한 방식으로 ESG 활동에 동참하고 있다. KT는 따뜻한 기술로 한 사람 한 사람을 위하는 국민 기업이 되겠다는 목표 아래 지속가능경영 추진 조직을 구성하고 지속가능경영을 위해 Challenge와 Foundation을 나눔으로써 체계적으로 과제를 수행하고 있다. KT 지속가능경영 Challenge는 KT가 우수한 ESG 기업으로 거듭나기 위해 해결해야 할 과제이며, 고객 중심의 기술혁신을 통한 경제 성장, 상생과 소통을 통한 건강한 사회 구축, 친환경 경영을 통한 지속가능 미래 실현이 있다. KT 지속가능경영 Foundation은 이러한 과제 해결에 필요한 기반 구조로 말하면 세부 요인으로는 지배

구조, 윤리 및 컴플라이언스, 리스크 관리, 인권 존중이 있다.

KT는 에너지 통합 관리 플랫폼인 KT-MEG를 세계 최초로 발명하여 에너지 절감에 혁신을 일으킴과 동시에, 국내외 재능기부 활동을 통해 사회에 공헌하고 있다. 자세한 내용은 다음과 같다.[14]

1) Environment(환경)
- KT-MEG: 인공지능(AI) 분석엔진을 통해 에너지 생산-소비-거래를 통합 관제하는 세계 최초의 에너지 통합관리 플랫폼으로, 별도의 시스템 설치 없이 고객사는 MEG를 통해 원격으로 절감성과 검증, 유지보수 효율 상승이 가능
- KT 에어맵 코리아: 실시간으로 대기질을 측정하여 국민들에게 미세먼지 정보를 제공하는 앱. 미세먼지 정보 및 예보 제공뿐 아니라 KT 원내비 앱과 연동하여 출발지 및 도착지의 대기질 정보를 제공하는 등 이용자 편의성을 강화함
- 강릉 태양광 발전소: 2011년 국내 통신 업계 최초로 강릉 수신소 부지에 태양광 발전소를 건설하였으며, 2019년 태양광 발전량은 8,809MWh로 2016년 대비 14배 이상 대폭 증가함

2) Social(사회)
- 2020 미래육성프로젝트: 미래 성장 사업 견인을 위해 AI 인력 육성 체계를 구축하는 인재교육프로젝트로서, 현장 광역본부장의 지원 아래 현장 AI 과제 해결 등의 교육을 받으며 AI 인재로 거듭남
- 글로벌 노사 나눔 활동: 노사 공동 나눔 협의체인 UCC 활동을 통해 노사공동 나눔 문화 확산에 기여하고 있다. 그 예시로 2012년부터 베트남 글로벌 봉사 활동으로 하이퐁 라이수완을 UCC 마을로 선정하여 환경 개선 봉사 및 기부를 실천하고 있음

---

14 KT, '2020 통합 보고서', 2020

- GiGA Story: 정보 격차가 심한 도서 및 산간 오지 지역의 정보 접근성을 높이기 위해 GiGA 인프라 및 맞춤형 솔루션을 제공하는 프로젝트. 임자 기가 아일랜드, 대성동 기가스쿨 등 기가 인프라와 융합솔루션 공헌을 추진 중

3) Governance(지배구조)

- 지배구조: 사외 이사 비율 73% 유지 등을 통한 이사회 독립성 유지, 현금 배당 및 전자 투표제 등을 통해 주주 가치를 제고
- 윤리, 컴플라이언스: 윤리 경영 기준 정립 및 일상감사 시행, 부패 방지를 위한 사전 예방 채널 및 사후 신고 채널을 운영
- 리스크 관리: 전사 리스크 관리 조직(ERM) 설립, 리스크 관리 시스템 강화 등을 통한 통합 관리체계 마련 및 리스크 사전 관리, 리스크 교육, 위기 행동 매뉴얼 마련 등을 통한 선제적 관리 활동을 이어감
- 인권 존중: 'KT 헤아림' 등의 전문 심리 상담 프로그램 운영을 통한 감정 노동자 관리, 매년 개인정보 보호 점검과 프라이버시 침해 예방 교육을 통한 개인정보를 관리

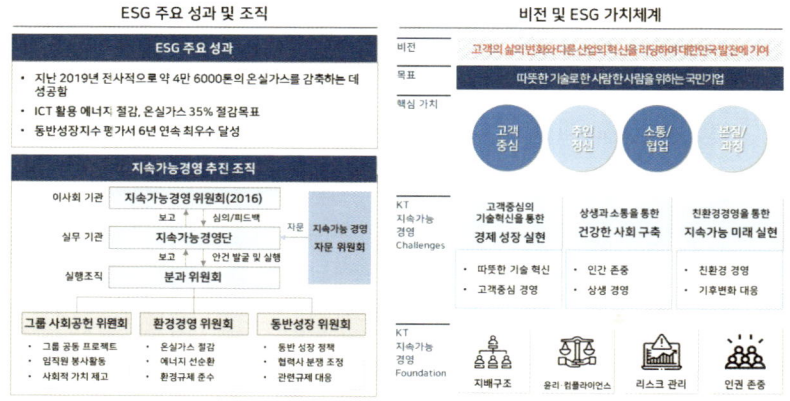

그림 25 KT ESG

● 삼성전기

삼성전기는 핵심 전자 부품을 개발·생산하는 삼성의 자회사로, 국내 기업 중 다우존스 지속가능경영 지수에 12년 연속으로 편입된 유일한 기업이다. 이외에도 사회책임투자 지수(FTSE4Good) 10년 연속 선정, CDP(탄소정보공개프로젝트) 최우수 등급 3년 연속 선정, 한국기업지배구조원 A 등급 획득 등 다양한 기관으로부터 지속가능경영 성과를 인정받고 있다. 삼성전기는 '사회적 책임 실현'이라는 비전 아래 환경적 지속가능성, 경제적 지속가능성, 사회적 지속가능성이라는 큰 과제 내 ESG 전략 체계를 마련 및 실행하고 있으며, 이는 환경경영시스템, 근로자, 부패 방지 등의 주제 안에서 ESG 전략을 실행하고 있다. 구체적인 내용은 다음과 같다.[15]

1) Environment(환경)
- 환경경영시스템: 글로벌 수준의 에너지 사용 기준을 준수하고, 전사적으로 환경, 에너지 경영 시스템 체계를 구축하여 제품의 생산, 사용, 폐기까지의 전 과정을 관리
- 친환경·기후변화: 일회용품 저감 특별 대책반을 운영하여 폐기물 배출을 감소시키고, 온실가스 인벤토리를 통해 에너지 절감 노력

2) Social(사회)
- 근로자: 직무 역량 중심의 열린 채용을 실시하고 협력적 노사 문화 구축을 통해 근로자 인권 보호 노력, 리더십 코칭 교육 및 글로벌 소통 교육을 통한 역량 확대 노력

---

15 삼성전기, '삼성전기 2019 지속가능경영보고서', 2019

- 공급사·협력사: 협력사 종합 평가 체제, 공급망 리스크 관리를 통해 지속가능한 공급망을 추구하고, 공동 기술 개발과 소통 창구 강화를 통한 동반 성장 추구
- 지역사회: 인재 양성 프로그램(쌤이랑), 인재 양성 사업(아이리더), 공부방 지원사업 등을 통한 청소년 교육 및 다문화 지원사업, 문제 해결 공모전, 자매마을 운영 등을 통한 지역사회공헌

3) Governance(지배구조)

- 윤리경영·부패 방지: 임직원 대상으로 실천 서약, 교육, 챔피언 운영 및 유형별로 구체적인 임직원 가이드라인 및 징계제도 운영
- 이사회: 성과평가 및 보상, 정기적 개최, 다양성 보장 등을 통해 이사회 독립성 강화 및 사외 이사 후보 추천위원회를 통한 이사회의 공정성 보장

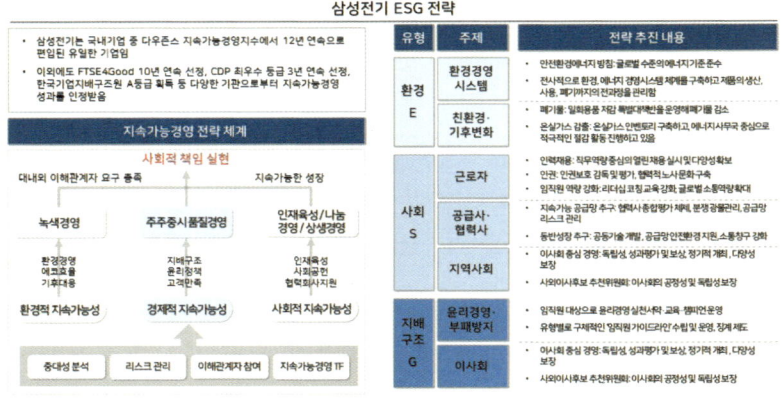

그림 26 삼성전기 ESG

● 한국전력(KEPCO)

한국전력은 고품질의 전기 공급을 통해 에너지 전환과 디지털 변환을 주도해 가는 공공기관이다. 한국전력은 '이해관계자의 협력과 소통 확대를 통한 글로벌 최고 수준 지속가능경영 구현'이라는 비전 아래 신재생에너지 보급 확대 및 계통 수용 증대, 지역사회 발전 기여 및 사회 현안 해결 동참, 윤리 준법 및 반부패 경영 추진 체계 고도화 등의 10대 핵심 전략을 도출하여 E, S, G의 모든 측면에서 고르게 노력하고 있다. 또한 이에 대한 노력의 일환으로 최근 제1차 ESG 위원회를 구성하여 체계적인 ESG 성과 창출을 도모한다. 다음은 KEPCO의 환경, 사회, 지배구조별 10대 추진 전략 및 세부 과제를 정리한 내용이다.[16]

1) Environment(환경)
- 친환경 에너지 확대 기반 마련: 청정에너지 전환을 위한 대규모 신재생에너지 사업 개발 추진 및 전기차 보급 활성화를 위한 충전 인프라 구축 확대
- 기후 위기에 대한 능동적 대응 체계 확립: 신기후 체제 대비 온실가스 감축 목표 이행 관리 강화 및 기후 위기 대응 활동에 대한 이해관계자 신뢰도 제고
- 고효율·저소비 에너지 구조로의 전환 주도: 에너지 공급자 효율 향상 의무화제도 이행 및 종합에너지관리시스템 기반 에너지효율화 사업 확대

2) Social(사회)
- 지역사회 발전 기여 및 사회 현안 해결 동참: 지역사회 참여 확대 및 지역경제 활성화 및 지속가능한 양질의 일자리 창출
- 중소기업 상생 발전 및 동반 성장 생태계 조성: 중소기업 기술 경쟁력 제고

---

16 한국전력, '2020년 지속가능경영보고서', 2020

를 위한 협력 확대 및 중소기업 해외 판로 개척 지원
- 재난·안전관리 및 정보보안 체계 고도화: 에너지 공급자 효율 향상 의무화 제도 이행 및 종합에너지관리시스템 기반 에너지효율화 사업 확대
- 일하기 좋은 기업 문화 조성: 에너지 공급자 효율 향상 의무화제도 이행 및 에너지관리시스템 기반 에너지효율화 사업 확대

3) Governance(지배구조)
- ESG 책임경영 강화: 이사회·경영진의 ESG에 대한 관리·감독 체계 확립 및 리스크 개선을 위한 실행력 제고
- 윤리 준법경영 및 반부패 추진 체계 고도화: 전사 윤리 준법경영 정착 및 윤리 의식 내재화 및 윤리적 기업 문화 확산
- 공정거래 기반의 상생 발전 생태계 구축: 업무 전반에 대한 불공정 행위 근절 및 공정한 협력 관계 확립 및 투명성 제고

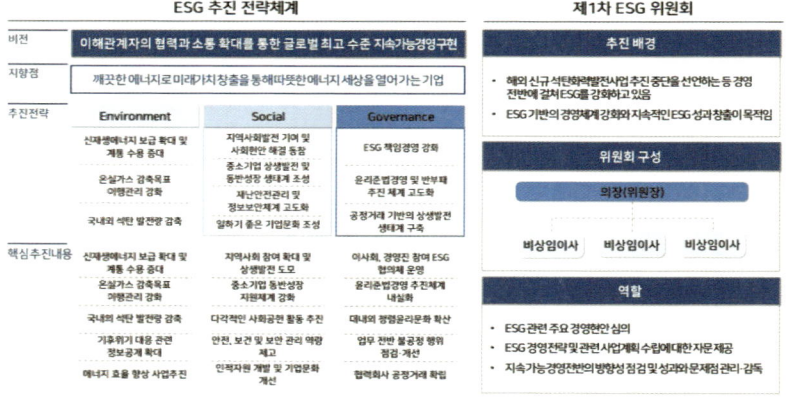

그림 27 한국전력 KEPCO ESG

Chapter 3

ESG 브랜딩 시대: 해외 기업 ESG 전략

● IBERDROLA

스페인 최대의 에너지 그룹인 IBERDROLA는 다국적 공공 전기 유틸리티 회사이다. 4개 대륙의 수십 개국에 31,330명의 인력 규모를 지니고 있으며 풍력 발전에 있어서 글로벌한 리더로 위치하고 있다. 회사의 주요 가치는 지속가능한 에너지와 힘의 통합(integrating force), 힘의 추진(driving force)이며, IBERDROLA는 지속가능경영을 위해 힘쓰고 있다.

IBERDROLA는 크게 환경, 사회, 지배구조 분야에서 지속가능 개발 계획 우선순위 주제를 선정하여 이를 중점에 둔 활동들을 펼치고 있다. 환경 분야에서의 지속가능 개발 계획 우선순위는 기후변화 대응이며, 사회 분야에서는 지역사회의 well-being, 일자리 건강, 혁신 디지털화와 퀄리티의 3가지 분야가 중시된다. 지배구조 분야에서는 지배구조의 투명성과 이해관계자 참여, 공급 체인의 CSR 촉진, 지속가능한 경제 성장을 중심으로 다양한 활동들이 추진되고 있다. 또한 위 3가지 분야에서 총 16개의 기준으로 매년 ESG 추진 성과가 측정되고 있다.

1) Environment(환경)
- 자연환경에 미치는 영향 수치화: 2012년부터 자연환경에 기업 활동이 미치는 영향을 수치화하고 평가할 수 있는 도구를 개발함. Biavalora프로젝트를 통해 수소 전기 발전소에서의 환경 관련 재정적 평가를 시행하고, REIS프로젝트를 통해 구조물 건축에서의 환경 관련 재정적 평가를 수행

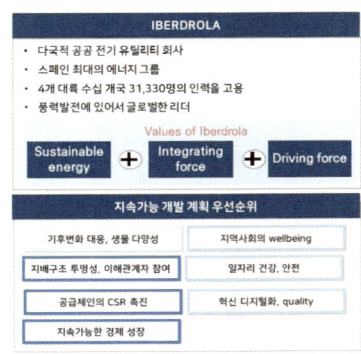

그림 28 IBERDROLA ESG

- Electricity for all 프로그램: 환경친화적이고 경제적인 에너지 모델을 전 세계적으로 확산하기 위해 프로그램을 고안하고 진행. 개발도상국에 친환경 전기를 공급하기 위해 노력하고 있으며 2030년까지 취약 계층 16,000,000명에게 전기를 공급하는 것을 목표로 함

2) Social (사회)
- IBERDROLA 사회 프로그램 런칭: 2021년에 Fundación IBERDROLA España를 런칭하여 팬데믹으로 인한 피해를 최소화하기 위해 노력함. 2020년에 36개의 기관과 협력하여 39,857명의 사람들을 도왔으며 지원의 43%는 아동 빈곤 퇴치와 교육에 중점을 두고 있음
- 다양성 리포트 발간: 2019년에 처음으로 'Diversity and Inclusion Report'를 발간하여 사회 차별에 맞서 싸우고 더욱 평등하고 정의로운 사회를 만들기 위해 노력함

3) Governance (지배구조)
- 이사회 구성: 71%의 이사회가 독립적으로 운영되며 여성이 이사회의 36%를 차지함

- 트레이닝 세션: 감사와 리스크 감독 위원회, 감사위원회, 지속가능 개발 위원회 등 2020년에 총 30번의 교육 세션을 진행

● 알리바바

알리바바는 중국의 Baidu, Tencent와 함께 3대 IT 기업 중 하나로, 중국 내 최대 전자상거래 사이트인 타오바오, 외국인 거래에 특화된 알리익스프레스, 중국판 페이팔인 알리페이를 운영하는 앤트 파이낸셜 등의 사업 부문을 갖고 있다. 알리바바의 2018년 ESG 보고서에는 지속가능경영 체계나 조직도는 보고하고 있지 않지만, 지속가능경영 우선순위를 ① 기업 지배구조, ② 인적 자원, ③ 지적 재산 권리 보호, ④ 사회적 영향, ⑤ 환경적 영향, ⑥ 인터넷 보안, ⑦ 데이터 보호의 총 7개로 설정하여 Environment, Trust, Social, Governance의 각 대주제에 대해 보고하고 있다.[17]

환경(Environment) 부문에서 알리바바는 데이터 센터에서의 에너지 절약에 힘쓰고 있다. 알리바바 칭다오 데이터 센터는 칭다오호의 물을 이용한 쿨링 시스템으로 탄소 배출을 감축하고 있으며, 알리바바 장베이 데이터 센터는 100% 재생에너지를 사용하여 운영되고 있다. 또한 알리바바에서 사용되는 포장시스템 중 50%를 100% 친환경 재료로 변경하였고, 공유 자전거 서비스, 간편 결제 서비스를 제공하는 IT 기업의 특성을 이용하여 소비자들이 환경 보호 활동(자전거 이용, 종이 화폐 대신 전자 결제 사용 등)을 할 때마다 Green energy point를 제공하여 중국의 북서 사막화 지역에 나무를 심는 자금을 기

---

17 알리바바, 'ESG Report 2018', 2018

부하는 시스템을 조성하였다.

신뢰(Trust) 부문은 크게 지적 재산 보호, 사이버 보안, 데이터 보호의 3가지로 나뉜다. 중국에서 규모가 매우 큰 IT 기업인 만큼 소비자들의 데이터 보호, 사이버 보안 등에 힘쓰고 있는 것으로 보인다. 지적 재산 보호를 위해서 알리바바는 IP 보호 부서를 두었으며, 포털의 모든 정보들을 추적할 수 있는 원스톱 포털을 만들어 모든 IP를 관리한다. 사이버 보안을 위해서는 인공지능을 활용하여 사이버 보안 자동화 시스템을 구축하였으며, 데이터 보호를 위해 데이터 보안 레벨을 4단계로 분류 및 관리하는 등의 노력을 하고 있다.

사회(Social) 부문에서 알리바바는 환경경영과 연계하여 일자리를 창출하고 있으며, 여성 기업가 경진 대회를 주최하여 여성 기업가 창업을 지원하고 있다. 또한 IT 기업의 특성을 활용하여 실종 아동을 찾는 서비스와 캠페인을 지원하고 있으며, 지역 소상공인과 글로벌 마켓 플레이스를 타오바오에서 연결하여 지원함으로써 긍정적인 사회적 영향을 끼치고 있다.

지배구조(Governance) 차원에서도 이사회를 감사위원회, 보상위원회, 기업지배구조위원회로 구성하여 이사회의 권력이 어느 한쪽에 편향되지 않게 상호 견제하며 균형을 맞출 수 있도록 노력하고 있다. 또한 2010년 이래 Alibaba Partnership을 만들어서 다양하게 구성하고 있다. 2018년 기준 총 36명의 파트너 중 33%는 여성이며, 89%가 알리바바에서 10년 이상 근무한 임원으로 이루어져 있다.

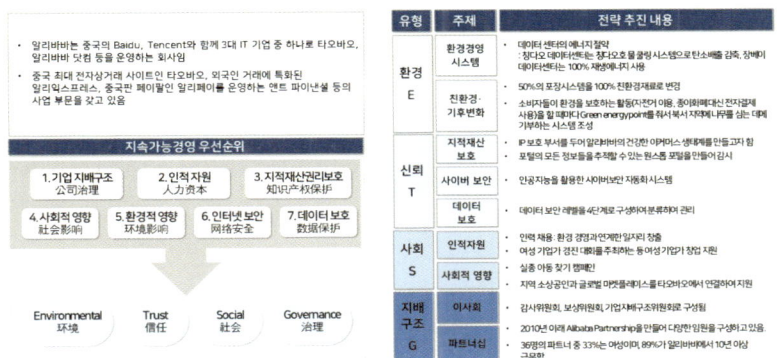

그림 29 알리바바 ESG

● 평안보험그룹

평안보험그룹은 중국형 ESG 지표인 CN-ESG를 만든 기업이자, 중국 민영금융기업으로 세계 상장 보험 회사 중 시가 총액 1위를 차지하고 있다. 2020년 중국정보경제원과 함께 중국형 ESG 지표인 CN-ESG를 만든 기업답게 ESG 보고서에는 지속가능경영전략 체계와 지배구조와 같은 정보들이 잘 표기되어 있으며, 국제 표준인 SDGs나 GRI Index 또한 빠짐없이 기록되어 있다.

평안보험그룹은 지속가능경영전략 체계를 Sustainable Development Model로 명명하여 각각 경제(Economy), 환경(Environment), 사회(Social) 분야에서 지속가능한 발전을 이루고자 한다. Ecosystem은 자동차(Auto Services), 재무(Financial Services), 헬스케어(Healthcare), Real Estate(자산), Smart City(스마트 시티)의 총 5가지로 분류하여, 사회 및 환경(Community and Environment), 노동자(Employees), 고객(Customers), 주주(Shareholders), 협업자(Partners)에게 기술과 재무(보험, 투자, 은행) 분야에서 전문 가치를 제공하고자 한다.

또한 평안보험그룹은 ESG를 통합 전략의 일부로서 모든 기능 부서와 그룹의 구성원들에게 체계적이고 전문적으로 기업 지배구조를 강화하도록 노력하고 있다. 2019년에는 행동 강령, 기업 지배구조, 책임투자, 지속가능 보험, 정보 보안, AI 거버넌스, 지속가능 공급망, 지속가능발전 목표 등을 담은 ESG 정책 체계를 공식 구축하였다.

ESG 정책 체계에서 이사회를 지속가능경영 지배구조의 L1로 설정하여 모든 ESG 문제를 감독하게 하고, IR(Investor Relations) 및 ESG 위원회를 L2로 두어 다른 위원회와 함께 ESG 리스크를 파악하고 계획 및 정책 수립, 성과평가 업무를 담당하게 했다. 또한 그룹의 ESG 사무소와 기능 부서를 L3으로 두어 그룹 내외부의 ESG 문제 조정을 담당하는 TF 역할을 하게 하고, 기능 유닛과 멤버를 L4로 설정하여 ESG 실행을 담당하게 하였다. 또한 평안은 기술 전문성을 활용하여 ESG 성능 관리와 투자 애플리케이션 모두에 사용할 수 있는 평안 AI-ESG 플랫폼을 개발하였다.

환경(Environment) 부문에서 평안보험그룹은 종이 없는(Paperless) 사업 운영, 녹색 건축물(LEED 인증) 건립 등 환경 영향을 낮추기 위한 환경경영시스템을 운영하고 있으며, 전자사업 프로세스 채택, 에너지 절약 전환 실시, 친환경 습관 촉진, 스마트 오피스 구축 등 저탄소 발전을 실현하기 위해 노력하고 있다.

사회(Social) 부문에서 평안보험그룹은 정보 보안을 위해 그룹 및 그룹 자회사들의 고표준 통합 정보보안정책을 개발 및 시행하고 있다. 또한 대학생 동기부여 교육 프로그램을 시행하고 자원봉사 연결 플랫폼을 운영하는 등 사회에 긍정적인 영향을 끼치도록 하는 여러 시스템을 운영 중이다. 노동자 인권을 위해서 '근로자 권익과 복지정책'을 수립하고, 동일 노동에 대한 동일임금제, 매년 시장 보상 조사를 실시하여 '성과에 따른 분배' 원칙을 준수하고 있다.

지배구조(Governance) 차원에서 평안보험그룹은 이사회를 중심으로 기업 지배구조 메커니즘을 구축하였다. 이사회에 '5대 위원회(주주총회, 당위원회, 이사회, 경영진, 집행위원회)'를 두어 각각의 업무를 수행하도록 하며 이사회 임명위원회를 두어 다양한 관점을 가진 균형 잡힌 이사회를 구성하도록 노력하고 있다.

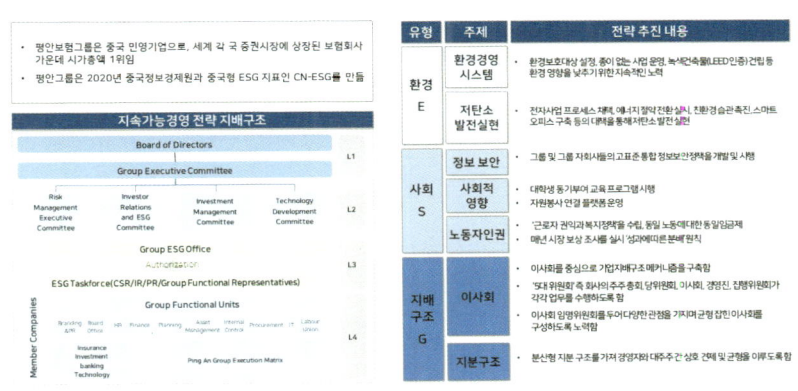

그림 30 평안보험그룹 ESG

Chapter 4

ESG는 대기업의 전유물이 아니다!

● 중소·중견기업으로 확산하는 ESG

과거에는 기업의 비재무적 요소에 대한 고려가 대기업에게 주로 해당되는 추가적인 개념이었다면, 이제 ESG는 모든 기업에게 필수적인 요소로 자리 잡고 있다. 그렇다면 중소기업이 비용 부담, 체계 부족과 같은 역량 부족을 직면하고 있음에도 불구하고 ESG 대응을 해야 하는 이유는 무엇일까? 해당 이유를 3가지의 측면에서 살펴보고자 한다.

첫 번째로는 대기업과의 연결고리 속에 존재하는 중소기업의 특징이다. 많은 국내 및 해외 대기업들은 기업이 사용하는 모든 전력을 재생에너지로 만든다는 목표의 캠페인인 RE100에 동참하고 있으며, 이를 대기업 공급사와 같은 협력사에게도 확대하여 요구하고 있다. 더 나아가, M&A를 위한 가치 산정 과정에서도 역시 ESG를 중요한 요소로 고려하고 있다. 이와 같은 대기업의 움직임은 중소기업에게 상당한 영향을 끼친다. 중소 제조기업의 42.1%는 위탁기업에게 높은 매출 의존도를 보여 주는 수급기업이기에, ESG 경영을 확대하려는 대기업의 요구 사항에 대응할 수밖에 없는 상황에 놓인 것이다.

두 번째로는 금융권과의 연결고리이다. 대기업뿐만 아니라 금융권 역시 ESG의 중요성을 강조하고 있다. 글로벌 은행 184개 중 67%가 투자 및 대출 심사 시 ESG 요소를 고려하는 등 기업의 자금 조달 및 금융 서비스 이용에 있어서 ESG의 대응 정도가 반영됨을 확인할 수 있다. 이는 대출이 점점 늘어나는 중소기업 현황을 고려했을 때 ESG 대응의 필요성이 점점 부각되고 있다는 의미이다.

마지막으로는 소비자이다. 소비자들이 제품 구매 시 고려하는 요소가 '무엇'이 아닌, '어떻게'와 '왜'까지 확장되었음을 언급한 사이먼 사이넥의 발언과 같이 ESG 경영에 대한 소비자들의 니즈 역시 빠르게 증가하고 있다. IBM과 전미유통협회에서 전 세계의 1만 9,000여명의 소비자들을 대상으로 한 소비자 동향 연구에 따르면 약 70%는 높은 가격을 지불하더라도 환경 보호 브랜드에 대한 구매의사를 밝혔다. 이와 같이 중소기업의 입장에서 ESG 경영은 결국 소비자들의 니즈를 만족시킴으로써 지속가능성을 보장해 주는 필요조건이라는 것이다. 즉, 대기업, 금융권, 소비자와의 긴밀한 연결고리 속에 존재하는 중소기업에게 있어서 ESG 대응의 중요성이 증대되고 있다.

> "사람들은 '당신이 무엇을 했는가'로 제품을 구매하지 않는다. 그들은 '당신이 왜 그것을 했는가'로 제품을 구매한다."
> – 사이먼 사이넥 –

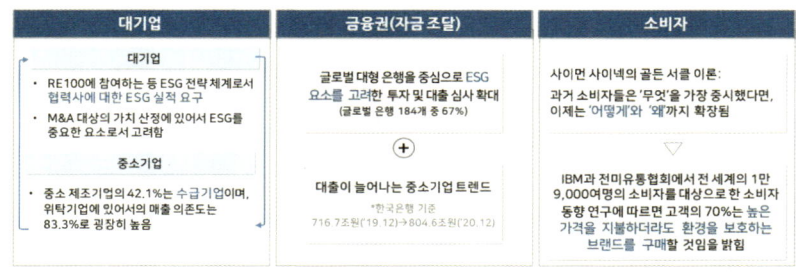

그림 31 중소기업의 ESG 대응 필요성

● **중견 및 중소기업 ESG 대응 사례**

유한양행은 의약품, 건강 기능 식품, 생활용품, 동물 약품, 치과 용품의 제조 및 매매를 주로 다루고 있으며, 2021년 1월 '매경·지속가능발전소 ESG 평가'에서 통합 1위를 차지하는 등 국내기업 ESG 경영 평가에서 상위권에 위치하고 있다. E, S, G 각각 분야에서 유한양행의 ESG 대응 사례는 다음과 같다.[18]

1) **환경**: 환경 관련 데이터를 꾸준히 공개하고 환경경영시스템을 구축함으로써 녹색 성장을 추구한다.
   - 환경경영: 오창공장에 환경경영시스템인 ISO14001을 구축함으로써 환경경영을 실현하고자 하며, 2009년 환경부로부터 녹색기업으로 인증을 받아 저탄소 실현을 위한 녹색경영 활동을 수행하고 있다.
   - 안전보건 경영: 오창공장은 안전보건경영시스템인 ISO45001 인증 사업

---

18   유한양행 공식사이트(https://www.yuhan.co.kr/Main/)

장으로, 안전한 작업 환경을 위해 노력하고 있으며 이와 관련된 여러 안전보건 활동을 수행하고 있다. 이를 통해 무재해 21년이라는 대기록을 가지고 있다.

2) **사회**: 구조화된 기업 이윤 사회공헌시스템을 통해 기업의 이익을 사회에 환원하고자 하는 창업정신을 이어 나가고자 하며, 이는 ① 사회 환원, ② 사회공헌, ③ 자원봉사로 이루어져 있다.

유한양행
- 의약품, 건강기능식품, 생활용품, 동물 약품, 치과 용품의 제조 및 매매
- 매출: 약 1조 6,200억원

환경	- 환경 관련 데이터의 꾸준한 공개 - 오창공장의 환경경영시스템인 ISO14001 구축을 통한 녹색 성장 추구
사회	- 구조화된 기업 이윤 사회공헌시스템 (구성: 1) 사회 환원 2) 사회공헌 3) 자원봉사)
지배 구조	- 사외 이사 확대, 대표이사와 이사회 의장의 분리 - 공익적 지배구조: 故유일한 박사가 타계 시 전 재산을 공익재단에 기부 → 경영과 소유의 분리

그림 32 유한양행 ESG

- 사회 환원: 공익적 지배구조를 가짐에 따라 기업의 이윤이 자연스럽게 사회로 환원되는 시스템을 가진다(주주의 51%가 비영리단체).
- 사회공헌: 국민건강, 행복사회, 미래희망이라는 3가지 주제를 바탕으로 사회공헌 활동 및 사업을 전개해 나가고 있다.
- 자원봉사: CSR 캠페인 등의 '나눔 참여', 임직원 봉사단 등의 '나눔 실천', 그리고 봉사자 교육 등의 '나눔 확대'를 바탕으로 나눔 문화 조성을 위해 노력하고자 한다.

3) **지배구조**: 사외 이사 확대, 대표이사와 이사회 의장과의 분리 및 공정거래 자율준수프로그램의 운영을 통해 공정성을 확보하고자 하며, 부패 방지 경영 시스템의 운영을 통해 부패 방지 문화의 정착을 위해 노력하고 있다. 더 나아가, 사회 분야와 관련하여 공익적인 지배구조를 형성하였다.

쌍용 C&E는 시멘트 사업, 석회석 사업, 해운 사업, 환경자원 사업, 임대 사업을 영위하는 기업이며, 2020년 말 시멘트 업계 최초로 ESG 경영위원회를 신설하였고, 2021년 업계 최초로 녹색 채권 최고 등급을 달성하였다. E, S, G 각각 분야에서 쌍용 C&E의 ESG 대응 사례는 다음과 같다.[19]

쌍용 C&E	
- 시멘트 사업, 석회석 사업, 해운 사업, 환경자원 사업, 임대 사업 영위 - 매출: 약 1조 4,700억원	
환경	- 2030년 탈석탄 목표(시멘트&환경을 뜻하는 C&E로의 변경을 통해 지속가능발전 의지를 드러냄) - 2019~2021년 약 1천억원의 투자를 통한 그린 인프라 구축
사회	- 지역 내 우수학생 지원을 위한 장학재단 운영 - 양방 및 한방 의료지원 봉사 활동 - 생활환경 개선 사업을 위한 상생 협력 협약 체결
지배구조	- 공정하고 투명한 경영 체계 강화 및 윤리 경영 생활화를 위한 전략 추진

그림 33 쌍용C&E ESG

1) **환경**: 시멘트 업계 최초로 2030 탈석탄을 선언하였으며, 이에 따라 관련 인프라를 구축하고 친환경 연료의 확대 및 신규 발전사업 추진을 통해 환경 보호에 기여하고자 한다.

- 환경을 중시하는 경영: ISO14001 기반의 환경경영 체계를 바탕으로 사업 활동에서의 환경 영향을 평가 및 관리하며, 환경오염 관리시스템과 온실가스 전산 관리시스템, 그린 인프라 등을 통해 철저한 환경 보전을 추구한다.
- 환경법규 준수: 환경과 관련된 법규를 모든 사업 활동에 있어서의 판단 기준으로 삼고, 자체 환경 관리 기준을 모두 준수한다.
- 지역사회와 공존: 지역사회의 일원으로서 쾌적하고 안전한 지역 환경 조성에 참여한다.
- 자원 순환 사회 구축에 기여: 순환경제로서의 전환을 위해 폐열회수 발전, 에너지 저장장치와 같은 인프라 구축에 적극적으로 투자한다.

2) **사회**: 사회공헌위원회 운영을 통해 다양한 이해관계자와의 동반 성장을 위한 사회공헌 활동을 수행하고 있다. 장학 재단 등의 교육지원사업, 한방 의

19 쌍용 C&E 공식 사이트(https://www.ssangyongcne.co.kr/main.do)

료지원 봉사 활동과 같은 기부 및 봉사, 지역발전기금, 지역 물품 구입, 상생 협력 협약 체결 등의 지자체 협력 사업 등이 사회공헌 활동 내역의 주를 이룬다.
3) **지배구조**: 투명경영과 책임경영을 통해 건전한 지배구조를 확립하고 주주 권리를 보호하고자 한다.
- 이사회 구성: 사외이사의 비율을 전체 이사의 과반수로 구성하고, 감사위원회의 모든 인원을 사외이사로 구성함으로써 이사회의 독립성과 투명성을 보장하는 지배구조를 확립하고자 한다.
- 집행임원제도: 집행임원제도의 도입을 통해 집행부의 책임경영을 높이는 동시에 이사회의 감독 기능을 강화할 수 있도록 한다.

중견기업의 모범 ESG 대응 사례로 유한양행, 쌍용C&E를 통해 살펴보았으며, 중견기업의 ESG 대응 방식은 대기업과 전반적으로 유사한 방식을 보이나 지배구조보다는 환경과 사회적인 측면에 집중하고 있음을 확인할 수 있다. 그뿐만 아니라 비용 부담에 따른 ESG 대응의 규모에 대한 차이는 불가피하다고 판단된다.

중소기업 지속 성장을 위한 ESG 가이드

대기업, 금융권, 소비자와의 연결고리 속 중소기업의 ESG 대응의 중요성 증대는 불가피한 트렌드이지만, 전환 역량 부족으로 인해 지속가능경영 평가 점수 및 이행 현황의 경우 중소기업이 대기업에 비해 크게 뒤처지는 현황을 살펴볼 수 있다. 이와 같은 ESG 대응 필요성과 중소기업이 마주한 문제점을 고려했을 때 중소기업의 ESG 내재화를 위

해서는 다음과 같은 실행 방안이 요구된다.[20]

1) 중소기업 ESG 가이드라인 제정

중소기업의 ESG 대응의 방향성을 잡고 지속적으로 해당 기업의 ESG 대응 현황을 평가할 수 있도록 중소기업 ESG 가이드라인을 제정해야 한다. 구체적으로는 중소기업의 특성을 고려한 ESG 평가지표 개발 및 자가 진단 서식의 제작 및 배포 등이 있다. 이와 같은 가이드라인은 중소기업의 ESG 대응의 방향성을 잡아 주는 동시에 ESG 경영 수준 평가와 컨설팅의 기초 자료로 활용될 수 있다는 이점이 있다.

2) 중소기업 ESG 인증제도 도입

앞서 제시된 ESG 평가지표를 바탕으로 한 자가 진단 결과를 정부가 사후에 확인하고, 해당 인증 절차를 거친 중소기업에게는 금융 혜택이나 제품 우선 구매, 지원사업 우선 시행 등의 정부 지원을 강화할 수 있다. 더 나아가, 인증 절차를 끝내지 못한 중소기업을 대상으로 ESG 컨설팅을 일부 지원해 줌으로써 개별 기업의 특성 및 핵심 사업과 연계 가능한 ESG 추진 계획 수립을 지원할 수 있도록 한다.

3) 중소기업 ESG 경영성과 확산

중소기업의 ESG 경영성과를 평가하고 우수 사례를 포상하며, 이를 바탕으로 우수기업을 멘토로 선정한 중소기업 ESG 멘토-멘티 프로그램을 신설한다. 이를 통해 중소기업의 ESG 대응 전략을 공유하고, ESG 생태계 형성을 추진한다.

---

20 미래전략연구단, '해외 중소기업 정책동향', 중소벤처기업연구원

4) 중소기업 인력의 ESG 역량 강화

ESG 대응을 위해서는 추진 전략이 필요하고, 이를 위해서는 기업 내 ESG 전문 인력 양성이 필수적이다. 따라서 전문 인력 양성을 위해 민간 전문기관을 활용할 수 있도록 하며, 정부 차원에서 'ESG 아카데미(가칭)'를 운영하는 등 중소기업 실무자의 전문성을 강화할 수 있는 방안을 마련한다.

5) ESG 생태계 참여 주체 간 협업 촉진

ESG 생태계 조성을 위해서는 ESG 확산을 위한 대기업과 중소기업 간의 연대 네트워크가 요구되며, 더 나아가 지방 자치 단체, 유관기관과의 협력 체계 역시 강화되어야 한다. 이와 같은 연결고리를 바탕으로 ESG 인식을 확산하고 추진 방안을 활발하게 공유할 수 있도록 해야 한다. 예를 들면, 위탁기업은 수탁기업의 ESG 성과를 기준으로 기술 및 인력 지원한다면, 정부는 위탁기업을 대상으로 지원 정도에 따라 인센티브를 부여하는 등 모든 주체가 ESG와 관련하여 상호작용하는 생태계를 형성하는 것이다.

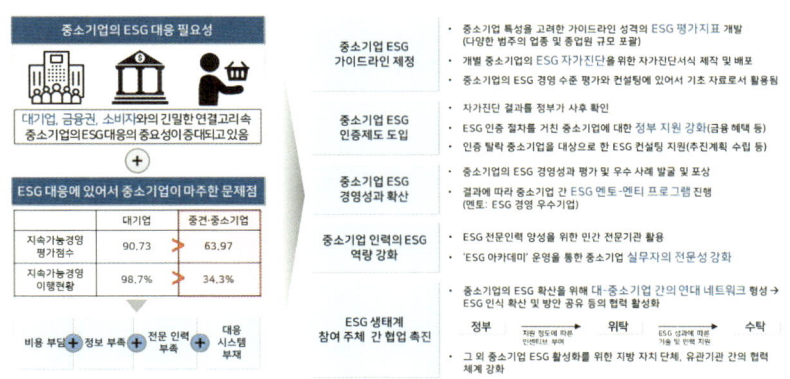

그림 34 중소기업 ESG 내재화 방안

Part 4

친환경이 경쟁력이다!

Chapter 1. 탄소중립 현황 · 110
탄소중립이란 · 110
저탄소경제로의 인식 전환 가속화 · 112

Chapter 2. 국가별 탄소중립 추진 방향 · 115
EU 2050 탄소중립 · 116
미국 청정에너지 및 인프라 계획 · 118
중국 2060 탄소중립 · 120
일본 2050 탄소중립 · 121
한국 2050 탄소중립 · 123

Chapter 3. 탄소경영관리체계 · 126
탄소경영체계 · 126
탄소경영 주요 기관 · 127
탄소정보공개프로젝트(CDP) · 128
탄소정보공개프로젝트(CDP) 구성 · 130
탄소경영 진단 방안 · 131
탄소경영 운영 가이드 · 132

Chapter 4. 국내외 탄소경영 대표적 사례 · 134
탄소정보공개프로젝트(CDP) 국내 모범 사례 · 134
LG그룹 · 136
탄소정보공개프로젝트(CDP) 해외 모범 사례 · 137
렌징그룹 · 138
탄소 Scope 및 유형 구분 · 139

Chapter 5. 환경경영 현황 및 국내외 사례 · 141
환경경영의 개념 및 주요기관 · 141
환경경영시스템 EMS(ISO14001) · 144
환경경영 체제 및 지표 · 145
녹색기업 지정제도 · 146
국내외 환경경영 대표적 기업 및 기관 · 148

Chapter 1

탄소중립 현황

● **탄소중립이란**

　기후변화 위기 대응에 있어서 자주 등장하는 단어는 '탄소중립'이다. 탄소중립이란 특정 나라나 기업이 배출한 이산화탄소만큼 흡수하는 방안을 통해 실질적인 순배출량을 0으로 만든다는 개념이다. 이는 단순히 이산화탄소의 배출 저감을 통해서만 이루어지는 것이 아니라, 그 외에도 재생에너지의 사용, 산림조성, 순환경제의 형성 등 다양한 방법을 통해 도달 가능하다. '탄소중립'과 함께 논의되고 있는 개념으로는 'Climate Positive(기후 포지티브)'와 'Carbon Negative(탄소 네거티브)'가 있다. 두 용어는 동일한 의미로 사용되며, 보다 더 장기적인 관점에서 이산화탄소의 배출량보다 더 많은 양을 제거하여 실질적 순배출량을 (-)로 만든다는 개념이다. 이를 통해 최종적으로 기후변화를 막고 긍정적인 기후 환경을 조성한다는 것이다. 기후변화에 대한 관심도가 높아지면서 이와 같이 환경과 관련된 많은 새로운 개념이 등장하고 있다. 그중에서도 탄소중립 정책이 국제사회 내에서 본격화됨에 따라 소위 말하는 '탄소중립 트렌드'가 생겨나게 되었다.

　다양한 환경 이슈가 존재함에도 불구하고 탄소중립 트렌드가 수면

위로 떠오르게 된 데에는 크게 3가지 배경이 존재한다. 첫 번째로는 2015년 파리협정이다. 2015년 파리협정에서는 '2100년까지 지구 평균 온도 상승을 산업화 이전 대비 2℃보다 낮게 유지'라는 목표를 설정하였다. 이와 같은 목표 달성을 위해 파리협정과 제21차 UN 기후변화협약 당사국 총회 결정문에는 모든 당사국은 2020년까지 UN에 '장기 저탄소 발전 전략'을 제출해야 함을 언급하고 있다. 해당 제출 시한이 가까워지자 탄소중립 선언이 가속화되고 있는 것이다. 두 번째로는 2019년 12월에 처음 발생한 코로나19이다. 코로나19가 기후변화로 인해 발생한 것이라는 가능성이 제기됨에 따라 기후변화의 심각성이 점차 확대되었다. 마지막으로는 2021년 바이든 행정부의 파리협정 복귀이다. 미국의 바이든 대통령은 "코로나19 위기의 흐름을 바꾸고, 우리가 오랫동안 하지 않은 기후변화와의 싸움을 도울 것"이라며 취임 당일 파리협정 복귀 명령을 내렸다. 이러한 요소들이 맞물려 국제 사회의 탄소중립 정책이 본격화되었으며, EU, 한국 등 약 20개국은 탄소중립 계획을 수립하였고, 그 외의 약 100개국에서도 탄소중립 고려 의사를 밝혔다. 국가 차원의 탄소중립 선언뿐만 아니라 기업과 투자자 차원에서도 역시 저탄소 경제로의 전환이 이루어지고 있다.

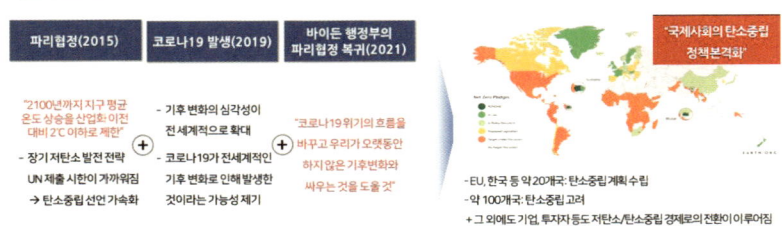

그림 35 탄소중립 개념&트렌드

 저탄소경제로의 인식 전환 가속화

2050년 탄소중립이 글로벌 의제화됨에 따라 탄소중립 트렌드가 기후변화에 미치는 영향을 과학적 관점, 경제적 관점, 인식적 관점으로 나눠 살펴볼 수 있다.

2050년에 탄소중립 달성에 성공하게 된다면 과학적인 차원에서 바라봤을 때 지구 온도 상승을 1.5℃ 이내로 억제할 수 있게 된다. 이와 같은 지구 온도 상승 억제가 중요한 이유는 지구 온도 상승이 2℃ 이상일 경우 인간이 감당하기 어려운 자연재해가 발생하기 때문이다.

지구 온도 상승을 2℃로 억제한다는 목표는 2010년 제16차 당사국 총회에서의 칸쿤 합의 채택으로 인해 공식화되었다. 하지만 이후 2015년 파리협정에서 지구 온도 상승을 2℃보다 훨씬 아래로 유지하는 것에서 넘어서서 최종적으로 1.5℃ 이내로 억제해야 한다는 목표가 설정되었다. 이후 2018년 Intergovernmental Panel on Climate Change(기후 변동에 관한 정부 간 패널)는 제48차 총회에서 '지구온난화 1.5℃ 특별 보고서'를 승인하며 해당 목표에 대한 과학적인 근거를 제시하였다. 해당 보고서에서는 1.5℃로 제한할 경우 '건강, 생계, 식량과 물 공급, 인간 안보 및 경제 성장에 관한 위험 감소'가 두드러지며, 2100년 기준 해수면이 10cm 덜 상승하는 효과가 있음을 명시하였다.

  지구 온도 상승을 1.5℃로 제한한다는 목표 달성과 관련하여 2050 탄소중립의 여부에 따라 2가지 시나리오를 제시하고자 한다. 첫 번째 시나리오는 2050 탄소중립 목표가 고려되지 않았을 경우이다. 이 경우 현재 속도와 동일한 속도로 지구 온도 상승이 진행된다면 2030~2052년 기준 1.5℃가 초과되며, 이는 파리협정에 명시된 국가별 감축 목표를 달성한다 하더라도 2030년 기준 연간 520~580억톤의 온실가스 배출량을 기록하게 된다. 이는 1.5℃ 달성을 위한 목표 온실가스 배출량인 250~350억톤의 약 2배인 수치임을 확인할 수 있다. 결과적으로 1번 시나리오에서는 지구 온도 상승을 1.5℃ 이내로 억제하지 못하게 되며, 이에 따라 고유 생태계 및 인간계에 매우 높은 위험 수준을 안겨 주게 된다. 두 번째 시나리오는 2050 탄소중립 목표가 고려되는 경우이다. 이 경우 지구 온도 상승을 1.5℃ 이내로 억제하는 것이 가능하게 된다. 구체적인 방법으로는 2030년까지 2010년 대비 이산화탄소 배출량을 최소 45% 감축한 후, 2050년에 탄소중립을 달성하는 것이다. 결론적으로, 다음과 같은 두 가지의 시나리오의 가장 큰 차이점은 지구 온도 상승을 1.5℃ 이내로 억제할 수 있는지에 대한 여부이며, 1.5℃ 억제를 달성하기 위해서 2050 탄소중립은 필수적인 요소임을 확인할 수 있다.

  경제적인 관점에서 탄소중립 트렌드는 친환경 시장의 성장과 강한 연결고리가 있다. 재생에너지 산업이 발전하고 2차 전지 시장이 급성장할 것으로 전망되며, 구체적으로 태양광·풍력 등 친환경에너지의 발전 용량의 큰 증가세가, 석탄은 감소세가 예상된다. 이와 같은 전망에 따라 해당 신시장 선점을 위한 투자가 확대되고 있다. 미국의 경우 10년간 1.7조 달러, EU는 1조 유로의 투자 계획을 발표하는 등 주요국의 대규모 그린 투자 발표가 가속화되고 있다.

국가 및 기업 차원에서의 변화뿐만 아니라 개개인들에게 있어서도 탄소중립 트렌드는 기후변화에 대한 관심 및 환경 참여도 상승의 결과를 불러일으켰다. 녹색연합, 한국갤럽의 여론조사에 따르면 전체 응답자 중 90%가 넘는 수치가 코로나19 등으로 인해 기후 위기 심각성에 대한 인식이 증진되었다고 답변했으며, 이에 따라 2050년 탄소중립에 동의한다고 응답하였다. 이와 같은 인식 증진은 국내 친환경 소비의 증가로 이어졌다. 2010년 16조원이었던 국내 친환경 소매 시장의 규모는 2020년 30~40조원으로 추산된다. 이와 같이 기후변화에 대한 전반적인 인식 및 관련 영역 참여도가 높아지고 있음을 확인할 수 있다.

Chapter 2

국가별 탄소중립 추진 방향

탄소중립 트렌드에 따라 각 국가는 2050 탄소중립 선언 및 관련 정책과 로드맵을 제시하였으며, 한국을 포함한 주요 국가 5개국의 탄소중립 정책 및 추진 방향성에 대해 구체적으로 설명하고자 한다.

그림 36 국가별 탄소중립 정책 추진 방향

● EU 2050 탄소중립

EU는 2019년 12월 유럽 그린딜 선언을 통해 2050년까지의 탄소중립 목표를 제시하였다. 이는 2050년 탄소중립 목표에 맞춰 전반적인 분야에 대한 실행 로드맵으로, 환경 위기를 도리어 기회로 삼아 지속가능한 EU경제를 만든다는 포부를 담고 있다. 유럽 그린딜에 있어서 EU 국가들은 10년간 최소 1조유로의 재정적 지원을 선언하였으며, 해당 자금은 환경 분야에 책정된 EU 예산, EU 투자프로그램인 Invest EU, 공정 전환 체계 등으로 구성되어 있다. 그뿐만 아니라 유럽 그린딜 발표 이후에도 2050년 탄소중립 목표를 법제화하기 위한 '유럽기후법'이 발의되었으며, 2021년 6월 이전에 기후법 통과 합의가 마무리될 예정이다. 또한, 탄소중립을 위한 국가별 규제 시 규제가 상대적으로 덜한 국가로 탄소 배출량이 이전되는 탄소 누출 우려를 막기 위해 2023년부터 탄소국경세를 시행할 계획이다.

유럽 그린딜은 이와 같은 정책 외에도 7개의 분야에서 정책 계획을 제시하고 있다.

1) 청정에너지: 에너지시스템의 탈탄소화를 위해 재생에너지 전략을 수립할 것이며, 특히 그린딜에서는 해상 풍력 확대가 중점적으로 논의되고 있다. 또한, 에너지 빈곤 해결을 위한 지침을 제공하고 스마트 인프라를 구축하고자 한다. 이와 관련하여 2023년까지 EU의 회원국들은 각국의 에너지 및 기후변화를 발표할 예정이다.

2) 지속가능한 산업: 이에 있어서 가장 중요한 정책은 '순환경제 액션 플랜'이며, 허당 정책은 두 가지의 사안이 존재한다. 첫 번째로는 지속가능한 제품으로, 재활용 등을 통해 폐기물을 줄이며 관련 규제를 강화하는 것을 포함

한다. 두 번째로는 지속가능한 소비 권리의 보장으로, '수리할 권리' 및 환경 정보를 제공하는 것을 포함한다. 이와 같은 사안에 있어서 사물 인터넷, 5G 등 디지털 기술이 적극 활용될 것으로 예상된다.

3) 자원 효율적 건축: 건축 부문은 EU의 전체 에너지 소비의 40%를 차지하는 만큼 해당 부분의 에너지효율 개선은 매우 중요하다. 이를 위한 건물 개·보수 핵심 정책은 '리노베이션 웨이브'로, 건물의 에너지효율을 높이기 위한 방안이다. 그분만 아니라, 기후 친화적 건물에 인센티브를 제공하는 등의 방안이 포함된다.

4) 지속가능한 수송: 탄소중립을 달성하기 위해서는 2050년까지 교통 부문에서 1990년 대비 온실가스 배출이 90% 감축되어야 하며, 이와 관련하여 EU 집행위원회는 '지속가능하고 스마트한 이동 수단 전략'을 수립하였다. 또한, 전기차 충전소를 확대하는 등 대체 연료의 생산 및 소비를 권장하였으며, 온실가스 배출 거래제를 항만 업계에 확장 적용하였다.

5) 친환경적 농식품 관리체계: '농장에서 식탁까지' 전략을 발표하였으며, 해당 입법 문서의 최종적인 목표는 소비자들이 합리적인 식품 가격을 보장받고 지속가능한 식품 소비를 할 수 있도록 하는 것이다. 이를 위해서 '공동농업정책자금' 예산의 40%와 '유럽해양수산기금' 예산의 30% 이상이 해당 전략의 수행을 위해 투입될 예정이다.

6) 생태계 및 생물 다양성 보존: 2020년 5월 '2030 생물 다양성 전략' 발표를 통해 생태계 회복을 위한 방안을 제시하였다. 연간 200억유로를 생태계 보호에 투자할 계획이며, 해양 자원의 지속가능성 보장, 산림 황폐화 방지, 보호 구역 지정 등의 조치가 포함된다.

7) 환경 보호: 유해 물질과 오염을 방지하고자 하며, 2021년 무오염 계획을 통해 오염 예방 및 표준 개정 등을 실시할 계획이다.

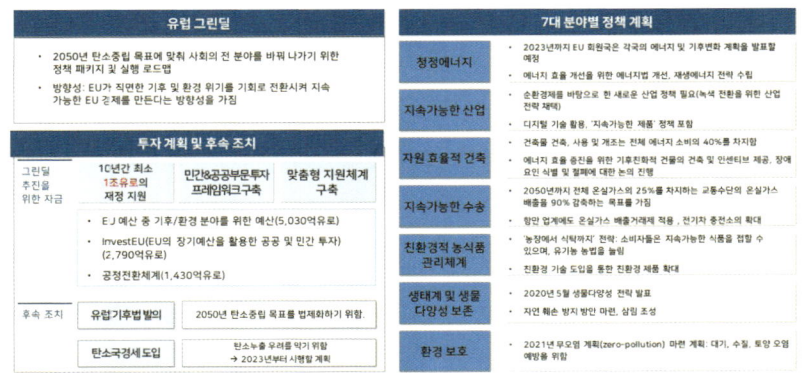

그림 37 유럽 그린딜

● 미국 청정에너지 및 인프라 계획

미국은 탄소 배출 제한 노력이 전무했던 트럼프 정권과는 달리 2021년 바이든 정권으로 넘어오면서 '청정에너지·인프라 계획' 등 기후 위기 대응에 적극적인 태도를 보여 주었다. '청정에너지·인프라 계획'은 바이든의 대선 공약 중 하나로, 청정에너지 및 인프라 확대를 통한 경기 부양을 목표로 한다. 신재생에너지 등 기후변화 대응 부문에 있어서 약 2조 달러의 투자를 계획하고 있음을 밝혔으며, 크게 5개의 분야에서 정책 계획을 제시하고 있다.

1) 인프라: 인프라에 대한 투자 추진을 통해 청정에너지 생태계 구축을 목표로 하며, 이는 도로, 철도, 교량, 녹지 공간, 수도, 전력망, 광대역 통신 등의 인프라를 포괄한다.
2) 자동차: 약 300만대의 친환경 자동차 사용 및 2030년까지 모든 버스와 관용차의 배출가스 제로를 목표로 한다. 더 나아가, 구매자에게 세액 공제 혜택을 주는 등 인센티브 전략 역시 펼치고 있음을 확인할 수 있다.

3) 전력: 2035년까지 해당 부문(전기 발전)에서 탄소 배출 제로 달성을 목표로 삼고 있으며, 이산화탄소 포집 기술에 대한 투자를 확대하고자 한다. 또한, 10년 이내로 오염 물질이 전혀 배출되지 않으며 탄소 발생이 가장 적은 수소에너지인 '그린 수소'의 비용이 기존의 수소와 동일하도록 만들고자 한다.
4) 건축: 2035년까지 건물에서 배출되는 탄소량을 절반으로 감소시키며, 건물을 고효율 친환경 시설로 전환하는 친환경 주거 단지를 설립하는 방안 등이 포함된다.
5) 청정에너지 혁신: 기후변화 연구 프로젝트인 ARPA-C(Advanced Research Projects Agency for Climate) 신설과 청정에너지 사용 확대 및 혁신 기술 상용화에 대한 노력이 제시되었다.

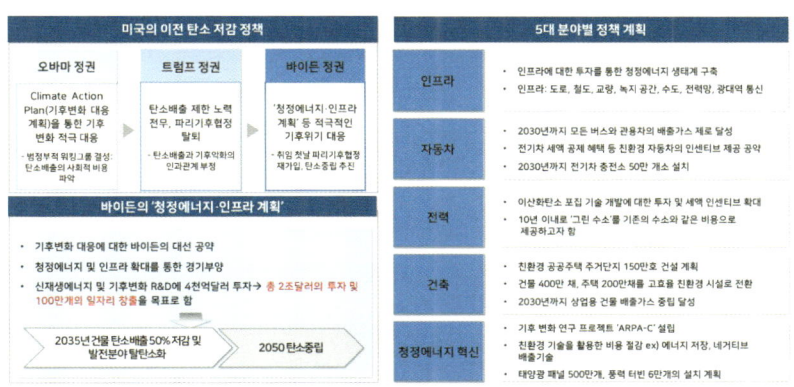

그림 38 미국 청정에너지·인프라 계획

🔵 중국 2060 탄소중립

중국 시진핑 주석은 제75차 유엔총회 연설을 통해 2060 탄소중립 달성을 발표하였으며, 이를 위한 단기 목표로서 2030년 이산화탄소 배출량 감소세 전환을 제시하였다. 이를 위한 실행 방안으로서는 크게 7대 주요 분야(재생 가능한 자원 활용, 에너지효율 향상, 최종 소비에너지의 전기화, 제로 탄소 발전기술, 에너지 저장, 디지털화, 수소에너지)가 존재할 것으로 전망된다. 이와 관련하여 이미 제시된 계획으로는 ① 전체 에너지시스템에서의 비화석에너지 비중 확장 조정(전기·수소·풍력·태양에너지의 확대 등을 통해), ② 디지털화를 통한 효율 향상, ③ 재활용률 향상을 위한 기술 발전 등이 있다. 7대 주요 예상 분야 외에도 중국은 2060 탄소중립을 위해 크게 5가지 분야에서 주요 산업별 로드맵을 제시하였다.

1) 전력[목표: 2050년 제로 배출]: 재생에너지의 비중 확대 및 CCUS(탄소 포집, 활용, 저장 기술) 산업의 확대 방안이 있으며, 그 외에도 재래식 석탄 발전소의 제거 및 전력망 인프라 개선이 포함된다.
2) 건축물[목표: 2050년까지 2015년 대비 이산화탄소 배출량 약 90% 감소]: 전력을 통한 건축물 에너지 공급을 확대하고, 난방 공급에 있어서 탈탄소 달성을 목표로 하고 있다. 또한, 건축 자재의 개선을 통해 수명을 연장하고 에너지효율을 높이고자 한다.
3) 공업[목표: 2050년까지 2015년 대비 이산화탄소 배출량 약 90% 감소]: 공업에너지 수요와 '해당 업종의 부가가치액 대비 온실가스'를 의미하는 탄소 배출 강도를 감소시키고자 한다. 더 나아가, 에너지효율을 높이고 공업 전기화 및 CCUS 기술 활용을 통해 이산화탄소 배출량을 저감하고자 한다.

4) 교통[목표: 2050년까지 2015년 대비 이산화탄소 배출량 약 80% 감소]: 저탄소 교통수단의 확대를 추진하며, 해당 분야 인프라에 첨단 기술을 적용함으로써 효율성을 증대하고자 한다.
5) 농업 및 임업[목표: 탄소 흡수 방식을 통한 배출량 상쇄]: 산림조성 및 면적 확대를 통한 탄소 흡수 방식을 추진하고 있다.

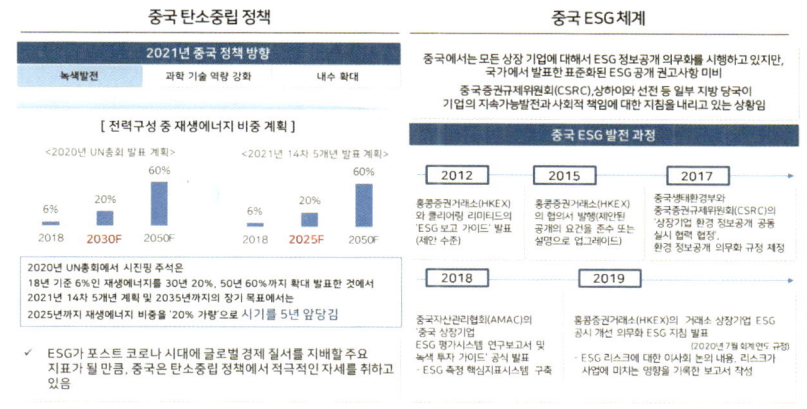

그림 39 중국 탄소중립 정책

● 일본 2050 탄소중립

일본의 스가 총리는 2020년 10월 2050 탄소중립 실현을 공언하였으며, 이와 관련하여 3가지의 기본 방향, 5분야 16과제를 제시하였다. 5대 주요 육성 분야 및 세부 전략은 다음과 같다.

1) 에너지 전환: 신재생 에너지(태양, 지열, 풍력) 활용 확대, 저비용 수소 공급망 구축, 슈퍼 에너지 절약 추진 등이 포함된다.
2) 교통: EV(순수 전기차)와 FCEV(수소 전기차) 등의 그린 모빌리티와 바이

오 연료 항공기 개발과 활용을 가속화하고자 한다.
3) 산업: '제로 카본 스틸'의 실현 및 인공 광합성을 이용한 플라스틱 제조를 포함한다. 더 나아가, 이산화탄소를 원료로 시멘트를 제조하거나 이산화탄소를 흡수하는 콘크리트를 개발함으로써 이산화탄소 흡수를 위한 방안을 마련하고자 한다.
4) 업무·가정·기타·횡단: 그린 냉매를 개발하고, 근무 방식의 변화를 통해 에너지를 절약하고자 한다.
5) 농림수산업·흡수원: 해양 생태계에 의해 탄소를 저장하는 블루 카본을 구현하며, 농림수산업에 있어서 청정에너지를 활용하고자 한다. 더 나아가, DAC 기술(직접 공기 포집 기술)의 개발 및 활용을 추구한다.

이 외에도 일본경제 산업성은 2020년 12월 '2050년 탄소중립에 따른 그린 성장 전략 실행 계획'을 통해 중점적으로 육성하고자 하는 14개의 산업 분야 및 전략에 대한 계획을 발표하였다. 해당 14개의 분야는 크게 에너지 산업, 수송 및 제조 산업, 가정 및 오피스 산업에 속하며, 각 분야에 대한 구체적인 개발 단계 및 개혁을 포함하였다.

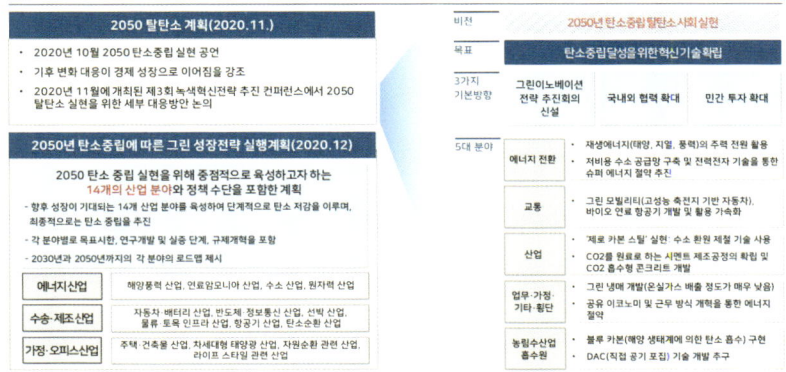

그림 40 일본 2050 탈탄소 실현 계획

● **한국 2050 탄소중립**

한국은 2020년 12월 '2050 탄소중립 추진 전략'의 발표를 통해 탄소중립을 선언하였으며, 이는 온실가스와 경제 성장과의 탈동조화 및 지속가능한 사회 실현을 위한 전략을 포함하고 있다. '적응적 감축'에서 '능동적 대응'으로 옮겨 간다는 비전 아래 크게 3대 정책 방향과 '탄소중립 제도적 기반 강화'를 뜻하는 '3+1' 전략으로 구성되어 있다.

• **적응: 경제 구조 모든 영역에서의 탈탄소화 추진**

1) 에너지 전환 가속화: 화석연료 중심의 체계에서 신재생·청정에너지 체계로 전환할 수 있도록 하며, CCUS 기술 개발을 통한 온실가스 배출량 감축을 추진한다.
2) 고탄소 산업구조 혁신: 온실가스 배출량이 많은 업종에는 CCUS, 그린 수소와 같은 기술을 활용하며 에너지효율 개선에 집중할 수 있도록 한다.
3) 미래 모빌리티로의 전환: 친환경 자동차 사용을 촉진하며, 이를 위해 전기차 충전기, 수소 충전소, 그린 수소 생산시스템의 3대 인프라를 형성한다.

또한, 새로운 건축물에 대해서 제로에너지 건축을 의무화한다.

4) 도시 및 국토 저탄소화: 국토 계획을 수립할 때에 탄소중립을 고려하며, 생태 자원을 통해 탄소 흡수를 추진한다.

- **기회: 신유망 저탄소 산업 생태계 육성**

1) 신유망 산업 육성: 2차 전지와 바이오 등 저탄소 산업을 적극적으로 육성하고자 한다. 또한, 2050년 수소에너지의 80% 이상을 그린 수소로 전환하는 것을 목표로 하며, 친환경 혁신 기술의 개발을 추구한다.

2) 혁신 생태계 저변 구축: 저탄소 관련 산업 분야의 유망 기업을 지원하며, 적극적으로 육성하고자 한다. 더 나아가, 해당 분야에서의 규제 자유 특구를 확대한다.

3) 순환경제 활성화: 지속가능한 생산 및 소비 체계를 구축하며, 산업별로 재생 자원 이용 목표율을 강화한다.

- **공정: 공정 전환을 통해 전 국민 참여 유도**

1) 취약 산업 및 계층 보호: 산업구조 변화를 파악함으로써 새로운 일자리에 대한 맞춤형 직업 훈련을 제공하여 유망 분야로의 재취업을 장려한다.

2) 지역 중심의 탄소중립 실현: 지역별 맞춤형 전략을 세우고, 지역 주도의 탄소중립 실현을 위한 기반을 마련한다.

3) 탄소중립 사회에 대한 국민 인식 재고: 정규 교육 과정, SNS 등의 매체를 통해 환경 교육을 강화하고, 사회 전 분야에 탄소중립 문화를 확산시킬 수 있도록 한다.

- **기반: 탄소중립 인프라 강화**

재정적인 기반 마련에 있어서 '기후대응기금'을 조성하며, 탄소가격 부과 수단의 가격 체계를 재구축한다. 그분만 아니라 녹색 금융의 일부로서 정책 금융기관은 녹색 분야에 대한 지원 비중을 확대하며, 환경과 관련된 공시의무의 정도를 단계적으로 높일 수 있도록 한다. 마지막으로, R&D 측면에서 친환경 혁신 기술에 적극적으로 지원한다.

이와 같은 '3+1' 전략 외에도 다음과 같은 2가지의 추진 체계(2050 탄소중립위원회, 2050 탄소중립위원회 사무처)의 설치를 바탕으로 전략을 추진해 나가고자 한다. 또한, 전반적으로 각 부처의 기후변화 대응에 대한 조직 역량을 강화할 수 있도록 한다.

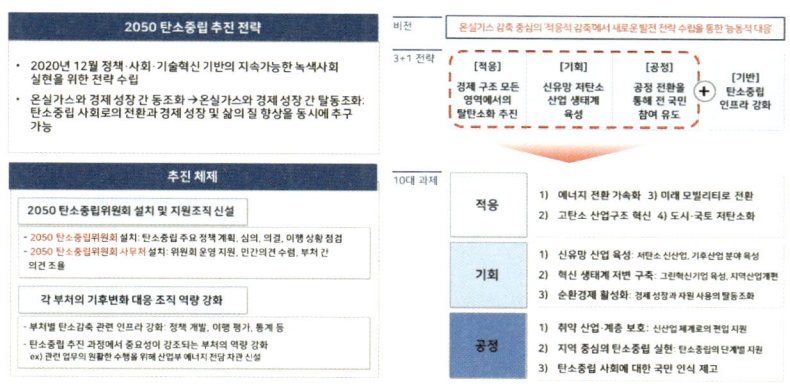

그림 41 한국 2050 탄소중립 추진 전략

Chapter 3

탄소경영관리체계

● 탄소경영체계

탄소경영체계는 기업경영시스템의 기본 운영체계인 PDCA Cycle (Plan-Do-Check-Act)을 근간으로, **기업의 저탄소 경영 활동을 체계적으로 진단, 기획, 실행, 성과 관리할 수 있는 체계**를 뜻한다. 탄소경영을 하기 위해서는 기업 내 **카본 시스템**과 탄소경영 **Value-Chain**을 수립하고 있어야 한다. 카본 시스템과 탄소경영 Value-Chain의 세부 내용은 다음과 같다.

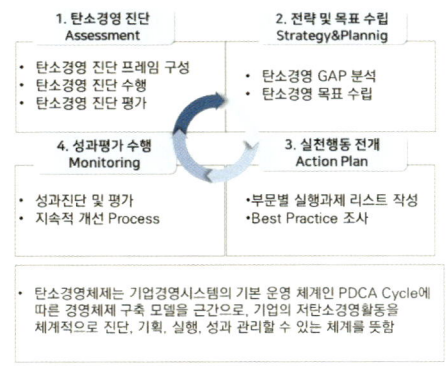

그림 42 탄소경영체제 운영 절차

● 탄소경영 주요 기관

Carbon Trust는 기업 및 공공기관의 온실가스 배출량 감축, 에너지 효율성 향상, 저탄소 기술 개발 촉진을 목적으로 2001년 영국에 설립된 비영리기관이다. Carbon Trust는 전 세계 약 80개 국가에서 **레이블링 및 인증 사업**을 진행하고 있으며, 기업과 공공기관이 4,700만 톤의 온실가스 배출량 감축과 7조 7억원의 비용 절감을 달성하는 데 기여하였다. Carbon Trust Standard는 Carbon Trust에서 운영하고 있는 탄소경영 인증제도이며 에너지 사용량 및 온실가스 배출량을 측정 및 관리하여 온실가스 배출을 감축한 기업이나 기관을 인증한다.

기업이 Carbon Trust Standard 인증을 획득하기 위해서는 에너지 및 탄소경영 내부시스템을 구축하고, 온실가스 배출 총량을 감축하거나 원단위 배출량을 연간 3% 이상 감축하여야 한다. Carbon Trust Standard 인증을 획득하기 위한 프로세스는 네 단계로 ① GHG(Green House Gas) 배출량을 감축(절대량 또는 원단위)하고, ② 탄소경영 체계 평가 60% 이상을 획득하고, ③ 충분한 증빙 자료를 구비하며, ④ 현장 심사 및 Carbon Trust 본사의 최종 조정을 통과하여야 한다.

기업은 Carbon Trust Standard 인증을 통해 정확한 탄소경영 현황 진단, 탄소경영 리더십 확보 및 탄소경영 수준 향상을 기대할 수 있다. 또한 온실가스 목표 관리제에 대한 대외 평가 대응 및 이해관계자의 신뢰도 제고에도 기여한다.

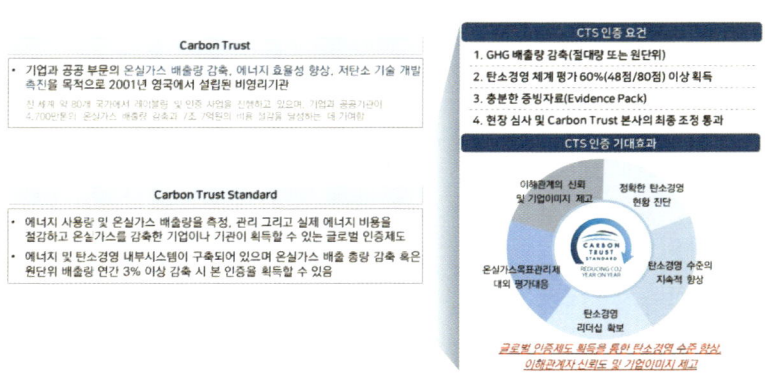

그림 43 Carbon Trust

● 탄소정보공개프로젝트(CDP)

　기업 가치 측정에 있어서 비재무적 요소의 영향이 확대되고, 2050 탄소중립 트렌드가 본격화됨에 따라 탄소중립 달성과 관련된 많은 자발적인 프로젝트 및 협약이 등장하였다. 그중에서도 탄소정보공개프로젝트(CDP)는 전 세계 91개국 기업의 환경 대응 성과를 평가하고 보고서로 발간하는 기관이다. 즉, CDP는 환경 관련 정보 공시와 관련된 업무를 수행하는 글로벌 기후변화 프로젝트로 요약될 수 있다. 매년 시가 총액을 기준으로 정보공개 요청 기업을 선정하는데 대상 기업 외에도 자발적인 참여가 가능하다. 정보공개 요청을 진행하는 분야는 다음과 같이 3가지로 나뉜다.

1) CDP Climate Change(기후변화 정보공개프로젝트): 2003년에 가장 먼저 시작된 정보공개프로젝트로, 기업의 기후변화 정보공개를 요청하는 프로그램이다.
2) CDP Water(물 정보공개프로젝트): 2010년부터 도입된 프로젝트로, 물 관련 정보를 대상으로 한다.
3) CDP Forest(삼림 자원 정보공개프로젝트): 2012년부터 시행되었으며, 생물 다양성과 관련된 정보공개에 대한 프로젝트이다.

2020년 기준으로 전 세계 9,600여개 기업이 위 3가지 정보공개프로젝트를 통해 온실가스 배출 목표, 탄소경영 전략 등 기후변화로 인한 환경 전략을 공개하고 있다. 이 외에도 부가적으로 공급망의 환경 위험을 관리하기 위한 CDP Supply Chain, 도시의 기후변화에 대한 정보를 다루는 CDP Cities 등 다양한 환경 관련 프로젝트는 전 세계적으로 환경 정보공개의 표준을 제공하고 있다. 이러한 글로벌 환경에서 CDP는 기업과 투자기관을 연결해 주는 중간 매개체로서 역할을 수행하게 된다. 기업은 CDP에 참여하여 환경 관련 정보를 공개하고 동시에 탄소경영 및 탄소 관리에 도움을 얻으며, 투자기관은 CDP를 통해 기업의 환경 정보를 요구하고 이를 바탕으로 투자 여부를 결정하게 된다. CDP가 환경 정보 수집에 있어서 광범위한 데이터를 다루며 해당 데이터가 활발하게 사용되고 있는 만큼, 실제로 CDP에서 좋은 등급을 받은 기업을 대상으로 한 투자 성과가 상당히 높음을 확인할 수 있다.

● 탄소정보공개프로젝트(CDP) 구성

앞서 언급한 내용과 같이 CDP는 크게 CDP Climate Change, CDP Water, CDP Forest의 3가지 분야로 운영되며, 기업은 각 분야에 따라 별도 등급을 부여받는다. 2021년 기준 각 분야의 질의서 구성은 다음과 같다.

1) CDP Climate Change: 기후변화 정보공개프로젝트의 질의서는 탄소 배출량 외에도 지배구조, 전략 등 기업의 기후변화 대응에 대한 총체적인 요소를 포함하고 있다. 기후변화 의사결정 권한 및 관련 인센티브제도, 기후변화 기회 및 리스크 관리 시스템, 감축 목표, 산정 방법론, 실제 배출량, 재생에너지와 배출권 거래제, 협력사와의 업무 등이 평가항목에 해당된다.

2) CDP Water: 물 정보공개프로젝트는 물과 관련된 환경 리스크가 크다고 판단되는 분야의 기업을 대상으로 진행한다. 여기서의 리스크는 단순히 물 소비량을 넘어서 보유하고 있는 사업장의 수자원, 속해 있는 시장 등의 복합적인 요소를 포괄한다. 이에 따라 CDP Water는 위치적 특수성을 고려한 보고가 가능하도록 구성되어 있다. 평가항목으로는 물 관련 데이터 모니터링 및 변화 파악, 물 관련 부정적 영향 및 리스크 파악과 대응, 수자원 정책 및 전략 등이 있다.

3) CDP Forest: 원자재 구입 과정에서 삼림 훼손이 우려되는 기업을 대상으로 하며, 해당 기업의 공급망 관리를 중점적으로 다룬다. 삼림 훼손 관련 원자재로 판단되는 항목으로는 목재, 축산물, 콩, 팜 오일, 고무 등이 있으며, 해당 원자재 의존도 및 모니터링·평가 시스템, 관련 정책과 전략, 다른 환경 요소와의 관계 등을 평가한다.

● 탄소경영 진단 방안

탄소경영 진단 Framework

탄소경영을 진단하기 위해서는 내부 현황 분석, 리스크 진단, CMI 지수(Carbon Management Index, 탄소경영지수) 도출이 순차적으로 이루어져야 한다.[21]

먼저 내부 현황을 분석하는 방법은 크게 2가지가 있다. 첫 번째는 탄소경영 시스템 분석(Carbon System Analysis)으로 탄소경영을 위한 기업 체계를 평가하는 것이다. 평가항목으로는 ① 경영진의 리더십 및 비전, ② 탄소경영의 전략에 관한 기획 및 전략, ③ 탄소경영 추진 조직, ④ GHG Accounting, ⑤ 탄소경영의 성과평가, ⑥ 대내외 커뮤니케이션이 있다. 두 번째는 가치 사슬 분석(Value-chain Analysis)으로 탄소경영에 대한 수행 체계를 평가하는 것이다. R&D, 구매, 물류, 생산, 마케팅, 기획 및 신사업 검토 등 각 가치 사슬에서 탄소경영을 수행하기 위한 체계를 갖춰 적절하게 추진되고 있는지를 평가한다.

내부 현황을 분석한 후에는 기업이 당면한 리스크 수준을 진단한다. 기업의 기후변화 리스크는 온실가스 배출 규제 리스크, 제품 규제 리스크, 기후변화 영향 리스크, 기타 영향 리스크로 분류된다.

---

21 환경부, '기업 탄소경영 가이드라인', 2010

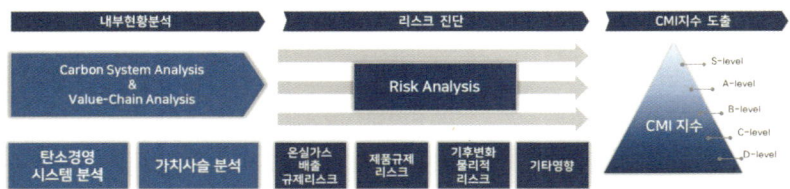

그림 44 탄소경영 진단 Framework

현황 분석 및 리스크 진단 후 최종 점수에 따라 기업의 CMI 지수가 도출된다. CMI[22]는 S, A, B, C, D 다섯 단계로 분류되며 ① S Level은 최고 수준으로 탄소경영 요소가 경영 의사결정 및 Value chain에 체계적으로 통합된 단계(Super Leader), ② A Level은 탄소경영을 체계적으로 추진하고 있으며 Value Chain 통합 관련 활동과 성과 관리가 이루어지는 단계(Fast Follower), ③ B Level은 탄소경영에 대한 기본적인 체계만 구축하고 있는 단계, ④ C Level은 탄소경영에 대한 최소한의 관리 수준에 머물고 있는 단계(Beginner), ⑤ D Level은 탄소경영에 대응하고 있지 않은 단계(Wait&See)이다.

● 탄소경영 운영 가이드

탄소경영을 체계적으로 운영하기 위한 단계는 다음과 같다. 우선 기업의 탄소경영 목표 및 세부 목표를 설정하고, 목표에 따른 실천 행동을 전개한 후 성과에 대한 평가를 수행하여야 한다.

목표 수준 설정 단계에서는 탄소경영 진단 Framework에 따른 CMI 지수 도출 결과를 토대로 기업의 탄소경영 목표 수준을 설

---

22 Carbon Management Index: 탄소경영지수.

정한다. 이때 기업의 목표 수준은 S Level(Super Leader)이나 A Level(Fast Follower)이 될 수 있다. 다음으로 세부 목표를 수립하는 단계에서는, 탄소경영시스템(Carbon System) 분석과 가치 사슬(Value Chain) 분석을 토대로 방사형 차트를 그린다. 기업의 부족한 측면을 가시적으로 확인하고 세부 목표를 설정한다. 그리고 각 부문에서 세운 세부 목표를 토대로 실천 행동을 전개한다. 마지막으로 탄소경영 성과평가를 수행한다. 이때 탄소경영 비전, 방침, 전략, 목표 실행과 유기적 일관성을 갖고 조직의 성과를 제고 여부를 평가한다. 이후 성과 지표의 측정 가능성, 비용 효과성, 신뢰성, 통제 및 개선 가능성 등에 관하여 내부 의사결정자와 외부 이해관계자의 요구를 반영한다.

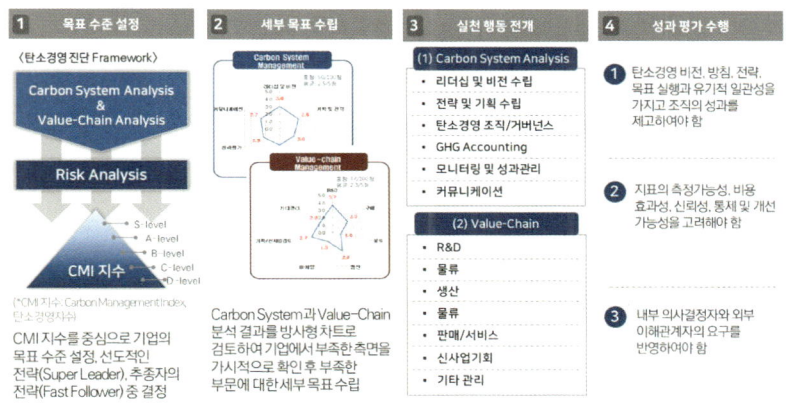

그림 45 환경부 기업 탄소경영 가이드라인

Chapter 4

국내외 탄소경영 대표적 사례

● 탄소정보공개프로젝트(CDP) 국내 모범 사례

CDP는 2008년 한국사회책임투자포럼(KoSIF)이 CDP 한국위원회를 조직함에 따라 국내에 도입되었으며, CDP Climate Change 부문에서 50개의 기업을 대상으로 시작되었다. 2014

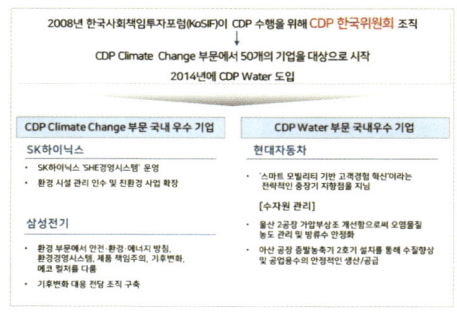

그림 46 CDP의 국내기업 도입 및 모범 사례

년에는 CDP Water 프로젝트가 국내로 도입되었으며, CDP Forest는 2021년을 기준으로 아직까지 도입되지 않은 상태이다. CDP 한국위원회는 CDP 등급 외에도 별도 시상제도를 운영하고 있다. 2019년 CDP Climate Change 부문의 국내 우수기업은 SK하이닉스와 삼성전기, CDP Water 부문의 국내 우수기업은 SK하이닉스 및 현대자동차이다. 해당 기업의 기후변화 및 수자원 관리에 대한 시스템 및 정책은 다음과 같다.

1) CDP Climate Change 부문 – SK하이닉스: SK하이닉스는 'SHE경영시스템'을 도입하여 안전(Safety)·보건(Health)·환경(Environment)을 기업 경영의 핵심가치로 두고 있다. 4대 원칙으로는 '선진 SHE경영시스템 구축', '안전 Risk Free 사업장 구축', '사람 중심의 보건시스템 구축', '지속가능한 환경 시스템 구축'이 있다. 그중에서도 환경 시스템의 경우 환경오염 물질 지표, 화학 물질, 그리고 수자원 관리를 중심으로 구성되어 있으며, 환경 보호를 위해 환경 시설 관리를 인수하고 친환경 사업을 확장하였다.

2) CDP Climate Change 부문 – 삼성전기: 삼성전기는 환경 부문에서 크게 5가지 분야를 다루고 있으며, 그중에서 3개의 분야가 기후변화와 관련이 있다. ① 안전환경에너지 방침을 마련하여 안전·환경·보건·에너지 분야에 있어서 글로벌 기준을 준수하고 관련 리스크를 파악하고 있으며, ② 환경경영시스템 ISO14001, ISO45001 구축을 통해 글로벌 표준을 준수하고 있다. 또한 ③ 기후변화를 위해 Scope 1, 2, 3을 포괄하는 탄소경영을 추구하며, 에너지 절감을 위한 에너지 경영을 목표로 한다.

3) CDP Water 부문 – 현대자동차: 현대자동차는 지속가능경영 5대 영역을 정의하고 있으며, 그중 하나는 '전 과정 친환경 가치 추구'이다. 환경적 가치 증대를 위해 친환경 자동차를 개발하고 온실가스 저감을 위한 노력을 전개하고 있으며, 수자원 관리에 있어서는 울산 2공장 가압부상조를 개선함으로써 오염물질 농도를 관리하고 방류수를 안정화하고자 하였다. 아산 공장의 경우 폐수 무방류 시스템을 운영하고 있으며, 동시에 공업용수 정수장 증발 농축기 2호기를 설치함으로써 수질을 향상하고 안정적으로 공업용수를 생산 및 공급할 수 있도록 하였다.

● LG그룹

LG그룹의 주요 5개 계열사는 2016년, 2017년 연속 탄소정보공개 프로젝트(CDP)에서 '탄소경영 우수기업'으로 선정되었다. LG전자, LG디스플레이, LG화학, LG하우시스, LG유플러스, LG이노텍 등에서 기후변화 대응 평가인 CDP Climate Change 부문에서는 전자, 디스플레이가 리더십 A를 받았으며, 물 경영 정보공개 프로젝트인 CDP Water 부문에서는 이노텍이 리더십 A를 인증받았다.

LG전자는 2008년 기후변화 대응 전담 부서를 신설하여 생산 공정에서의 온실가스 배출량을 줄이는 고효율 에너지 제품 생산을 확대하고 있다. 또한 LG전자의 무선 청소기 '코드제로 A9'이 청소기 제품군으로는 **세계 최초로 '지속가능 탄소 발자국 인증'을 취득**하였다.

LG디스플레이에서는 환경 보전 활동을 협력사에 전파하고 지원하는 '그린 SCM 컨설팅'을 운영하고 있다. 컨설팅을 성공적으로 수행한 협력사에는 **'탄소 파트너십 인증제도'**를 운영한다.

LG화학에서는 국내외 사업장에 **'에너지 경영 시스템(ISO50001)'**을 구축하였다. 또한 사내 에너지 절감 활동 우수 사례에 대해 포상을 진행하고 온실가스 감축 실적을 임직원 업무 반영하고 있다.

LG하우시스에서는 에너지와 온실가스를 감축하기 위해 보일러, 용수 설비, 배관 등의 노후 설비를 개선하는 '에너지 다소비 설비 배선, **에너지 절감 TFT**'를 구성하였다. 또한 협력사의 생산 활동을 관리하는 그린 파트너십 등의 활동도 수행하고 있다.

LG유플러스에서는 2013년부터 탄소공개프로젝트에 참가해, **녹색 구매 활동**을 꾸준히 추진하고 있다. 또한 신규 장비 구매 시 전기료를 포함한 전 비용을 고려하는 방식의 TCO(Total Cost of Ownership) 평가로 계약 업체를 선정하여 저전력 장비를 구매한다.

LG그룹				
• LG그룹의 주요 5개 계열사는 2016년, 2017년 연속 탄소정보공개프로젝트(CDP) '탄소 경영 우수 기업'으로 선정됨 • LG전자, LG디스플레이, LG화학, LG하우시스, LG유플러스 LG이노텍 등으로 기후 변화 대응 평가인 'CDP 기후 변화'에서는 전자, 디스플레이가 리더십A를 받았으며, 물 경영 정보 공개 프로젝트인 'CDP 물'에서는 이노텍이 리더십A를 인증받음				
주요 5개 계열사 탄소경영 현황				
LG전자	LG디스플레이	LG화학	LG하우시스	LG유플러스
- 08년 기후 변화 대응 전담 부서를 신설 생산 공정에서나 온실가스 배출량을 줄이며 고효율 에너지 제품 생산 확대 - 무선 청소기 '코드제로A9'이 청소기 제품군으로는 세계 최초로 '지속 가능 탄소 발자국 인증'을 취득	- 환경보전활동을 협력사에 전파 지원하는 '그린 SCM 컨설팅' 운영 - 컨설팅을 성공적으로 수행한 협력사에 '탄소 파트너십 인증 제도'를 운영	- 국내외 사업장에 '에너지 경영 시스템(ISO50001)' 구축 - 사내에서 에너지 절감 활동의 우수 사례에 대해 포상을 진행하고 온실가스를 감축한 실적을 임직원 업무에 반영	- 에너지와 온실가스를 감축하기 위해 보일러, 용수 설비 배관 등의 노후 설비를 개선하는 '에너지 다소비 설기 배선, 에너지 절감 TFT' 구성 - 협력사 생산활동 관리하는 그린 파트너십 등의 활동	- 13년부터 탄소공개 프로젝트에 참가하며 녹색 구매 활동을 꾸준히 추진 - 신규 장비 구매 시 전기료를 포함한 전 비용을 고려하는 방식의 TCO(Total Cost of Ownership)평가로 계약 업체를 선정하여 저전력 장비 구매

그림 47 LG그룹 탄소경영

● 탄소정보공개프로젝트(CDP) 해외 모범 사례

2020년 A 등급 리스트 기준 CDP Climate Change, CDP Water, CDP Forest 부문에서 모두 A 등급을 받은 기업은 총 10개 이며, 그중에서는 로레알과 다논이 포함되어 있다. 로레알은 'For The Planet'이라는 비전하에 2030년까지의 환경 관련 목표를 환경변화 대응, 지속가능한 수자원 관리, 생물다양성 존중, 자연 자원 보호, 동물 실험 금지, 자연을 위한 투자 6가지로 설정하였다. 특히 로레알은 2025년까지 탄소중립을 달성하고 100% 청정에너지로의 전환을 이루고자 하며, 수자원 부문에서는 2030년까지 산업 과정에서 쓰이는 모든 물이 재활용되도록 할 계획이다.

다논은 'One Planet, One Health'라는 비전을 수립하고 환경보호 활동을 적극적으로 전개하고 있다. 다논의 지속가능경영보고서에 따르면 다논의 환경 보호 시스템은 4가지로 나뉘는데 ① 환경변화 대응, ② 물 순환 보호, ③ 포장에 대한 순환경제 구축, ④ 재생 농업 진흥이다. 다논 역시 2025년까지의 탄소중립 달성을 위해 재생 전기 및 농업에 집중할 계획이며, 수자원 부문에서는 수자원 보존, 물의 순환성 촉진, 안전한 식수 제공을 위한 세부 전략을 수립하여 실천하고 있다.

● 렌징그룹

렌징그룹은 재생가능한 나무 원료로 특수 섬유를 생산해 내는 친환경적 글로벌 기업으로, 전 세계 섬유 및 부직포 제조업체와 파트너십을 체결하고 다양한 혁신 기술 개발을 주도하고 있다. 렌징그룹은 '2030년까지 특정 탄소 배출량을 50%까지 저감하고, 2050년에는 탄소 제로화를 완성하겠다'는 목표로 탄소 제로화를 선언하였다. 탄소 배출을 줄이기 위한 운영의 근본적인 변화를 꾀하기 위해 다음과 같이 ① 에너지효율, ② 화석 연료 사용 감소, ③ 펄프와 섬유 생산 시설의 통합, ④ 탄소 배출을 줄이기 위한 신 기술에 지속적인 투자를 목표로 탄소 배출량 제로로의 전환에 힘쓰고 있다.

> "2030년까지 특정 탄소 배출량을 50%까지 저감하고, 2050년에는 탄소 제로화를 완성하겠다."
> - 렌징그룹 -

텐셀은 렌징그룹이 보유한 자회사로 의류와 홈 텍스타일 제품에 적용되는 텍스타일용 전문 브랜드이다. 텐셀은 전문적인 탄소중립성 및 기후 대책 기관인 'Natural Capital Partners'와 협력해 공급망 전반에 걸쳐 보다 효율적인 생산 방식을 채택하고, 탄소 배출량을 지속적으로 감소시키는 것을 최우선 과제로 설정하였으며, TENCEL™ 섬유 제품에 대한 CarbonNeutral® 인증을 획득하였다. 또한 업계 내 공급망 투명성을 정상화하고, 탄소 배출량이 적은 소재 구매 및 제품 공급자에 대한 모니터링 등을 통해 원자재 공급 업체들의 탄소 배출량 감축에도 기여하고 있다.

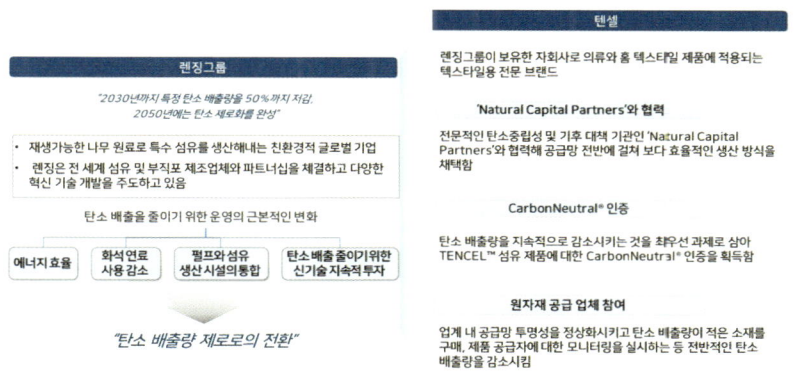

그림 48 렌징그룹 탄소경영

● 탄소 Scope 및 유형 구분

탄소 배출은 배출 형식에 따라 3가지 유형(Scope 1, Scope 2, Scope 3)으로 분류되며, 이러한 분류는 Greenhouse Gas(GHG)가 온실가스 배출량을 측정 및 관리하기 위해 확립한 글로벌 표준화 Framework이다. Scope 1은 직접 배출로, 기업이 직접 소유하거나 통제하는 활동 과정에서 발생하는 배출이다. Scope 2는 간접 배출로, 기업에서 구입 및 사용한 전기, 스트림, 난방 또는 냉각의 생성 과정에서 발생한 온실가스가 해당된다. Scope 3은 Scope 2를 제외한 모든 간접 배출을 포괄하는 개념으로, 넓은 범위를 다루고 있는 만큼 GRI

권고 의무 보고사항은 아니다. 이는 기업의 가치 사슬(Value chain)에서 발생하는 모든 배출물을 포괄하고 있는 것으로, 탄소중립에 대한 관심도가 높아짐에 따라 Scope 3까지의 고려에 대한 필요성이 강조되고 있다.

  탄소 Scope 3은 Scope 2에서 다루지 않는 간접 배출을 모두 포괄하는 만큼 광범위한 범위를 다루고 있으며, 배출원에 따라 크게 Upstream 배출과 Downstream 배출로 나뉜다. Upstream 배출이란 구매한 제품이나 서비스와 관련된 간접적인 온실가스 배출을 의미하며, Downstream 배출은 판매한 제품이나 서비스와 관련된 간접적인 온실가스 배출을 의미한다. Upstream Scope 3 배출 분류에는 구매한 제품 및 서비스, 자본재, 연료 및 에너지 관련 활동, Upstream 운송 및 분배, 운영 중 발생하는 폐기물, 출장, 직원 통근, Upstream 임대 자산이 있다. 반대로 Downstream Scope 3 배출 분류에는 Downstream 운송 및 분배, 판매된 제품의 처리, 판매된 제품의 사용, 수명이 만료된 판매 제품의 처리, Downstream 임대 자산, 가맹점, 투자 등의 요소가 고려된다. 이 모든 항목을 통틀어서 Scope 3가 구성되며, 각 항목의 탄소 배출 시기에 따라 Past years, Reporting years, Future years로 시간 경계가 나뉜다.

Chapter 5

환경경영 현황 및 국내외 사례

● 환경경영의 개념 및 주요기관

산업이 빠르게 발전하고 기업들의 규모가 커지면서 기업은 더 이상 사회에 미치는 영향을 무시할 수 없게 되었다. 또한 대중의 환경에 대한 관심이 커지면서 기업경영에서 환경을 중시하도록 요구하고 있다. 이러한 관점에서 나온 개념이 바로 환경경영이다. 환경경영이란 **생산 단계에서 소비 단계까지 제품 생산의 모든 과정에서 발생하는 환경오염원을 감소하고, 환경 부문뿐만 아니라 지역 주민, 소비자 모두에 대한 사회적 책임 부문 등을 효율적으로 관리하는 것**을 뜻한다. 요약하자면 환경경영은 ① 자원에너지 이용 효율성 제고, ② 온실가스 및 환경오염 최소화, ③ 사회적·윤리적 책임 제고 3가지로 요약할 수 있다. 환경경영은 체계적인 관리 시스템하에서 수행되어야 하며, 전반적인 기업 관리 활동과 통합되어야 한다.

기업의 사회적 책임 경영 중에는 환경경영 말고도 녹색경영, 지속가능경영 등 다양한 개념들이 있다. 세 가지 개념의 차이는 다음과 같다.

먼저 **녹색경영**은 자원과 에너지를 절약하고 효율적으로 이용하여,

온실가스 배출 및 환경오염의 발생을 최소화하면서 사회적·윤리적 책임을 다하는 경영을 뜻한다. 언뜻 보면 환경경영과 비슷한 개념인 것 같지만, 녹색경영은 자원과 에너지 절약에 초점을 두기 때문에 환경경영보다는 경제성에 초점을 둔 개념이라고 할 수 있다. 지속가능경영이란 기업의 모든 경영 활동 과정을 경제적 수익성, 환경적 건전성, 사회적 책임성을 바탕으로 통합 추진해 지속가능 발전을 추구하는 경영 활동이다. 즉, 지속가능경영은 사회성에 초점을 둔 개념이다.

환경경영을 주관하는 대표적인 기관으로는 한국환경산업기술원(KEITI)이 있다. 한국환경산업기술원은 환경기술의 개발 및 지원, 환경산업 육성과 친환경생활 확산을 통한 국민의 환경복지 서비스 향상 및 지속가능한 국가 발전에 기여하고자 설립되었다. 한국환경산업기술원의 사업은 크게 환경기술 개발, 환경산업 육성, 친환경 생활 촉진, 환경 보건 안전으로 나누어진다. 친환경 생활 촉진 중 친환경 경영 지원 부문이 환경경영과 관련되어 있다.

친환경 경영 지원 부문은 ① 환경경영 확산 지원사업, ② 녹색기업 지정제도 운영지원, ③ 환경정보공개제도 운영 3가지이다. 첫 번째로 환경경영 확산 지원사업의 일환으로 중소기업 지원 그린업프로그램을 운영하는데, 기업의 환경경영 실태 및 현황에 대한 진단을 통해 개선이 필요한 주요 환경 이슈를 파악함으로써 맞춤형 컨설팅을 제공한다. 두 번째로 녹색기업 지정제도는 녹색경영 우수 사업장을 녹색기업으로 지정하여 기업이 자발적으로 환경개선을 하도록 유인하는 제도이다. 세 번째로 환경정보공개제도를 운영하여 환경경영에 대한 기업의 자발적 추진의지를 제고하고 사회 전반의 환경경영 기반 조성 및 자율적 환경 관리체계를 구축하고자 한다.

두 번째로 환경경영을 주관하는 또 다른 기관으로는 환경경영정보포털이 있다. 환경경영정보포털은 한국환경산업기술원(KEITI)이 구축·운영하는 포털 사이트로 기업의 환경경영을 위해 체계적이고 효과적인 환경경영 관련 정보를 제공한다. 환경경영 관련 정보에는 환경경영 소개, 우수 환경경영 사례, 환경경영 동향·정책·법·규정, 환경경영 트렌드 등이 있다.

환경경영정보포털은 **환경경영 정보 제공**뿐만 아니라 **환경 기술 컨설팅, 에코 디자인[23] 지원사업** 또한 진행한다. 환경기술컨설팅사업을 통해 중소 환경 산업체 및 환경 관련 종사자들이 기술적 업무에서 겪는 환경 전반의 애로사항과 문제 해결을 도와주고 있으며, 에코 디자인 지원사업으로 혁신형 에코 디자인사업 공모전 추진, 기업형 사업 아이템 시제품 개발 지원, 혁신형 에코 디자인 국내외 전시관 운영 등을 진행하고 있다.

---

23 에코 디자인: 제품의 전 과정(원료 채취, 수송, 생산, 사용, 폐기)에서 발생하는 환경 부하를 설계 단계에서 미리 평가하여 저감시키는 기법

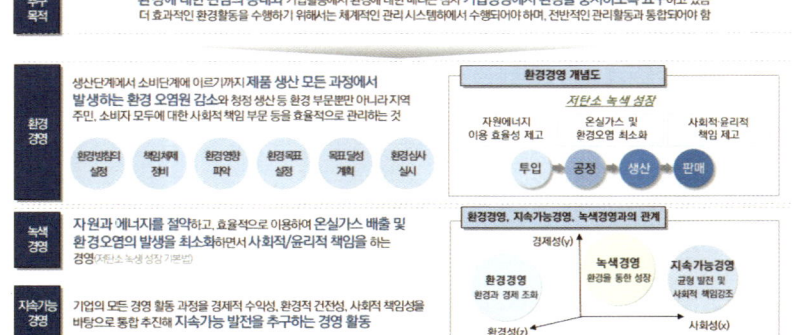

그림 49 환경경영 개요

● 환경경영시스템 EMS[24](ISO14001)

환경경영시스템(ISO14001)은 모든 산업 분야 및 활동에 적용할 수 있는 **환경경영시스템에 관한 국제 규격**으로, ISO에서 요구하는 기업의 환경경영시스템을 충족할 경우 취득할 수 있는 인증이다. ISO14001은 1992년 리우지구정상회의를 계기로 환경적으로 건전하고 지속가능한 개발을 달성하기 위해 환경경영이 새로운 기업경영 패러다임으로 등장하면서 만들어졌다. 기업은 환경경영시스템(ISO14001)을 통해 기업경영의 환경 측면을 체계적으로 식별, 평가, 관리 및 개선함으로써 환경 위험성을 효율적으로 관리할 수 있다.

ISO14001을 취득하게 되면 기업은 다양한 효과를 누릴 수 있다. 먼저 폐기물 관리, Utility 관리, 유해 물질 투입 감소와 같은 **직접 비용 절감**뿐만 아니라 환경 관련 사건 사고, 손해 배상에 대한 책임 감소, 생산 손실 사고 감소, 종업원의 건강, 안전과 같은 **간접 비용 절감**

---

24 EMS(Environment Management System): 환경경영시스템의 약어

의 효과가 있으며 대외 이미지 또한 개선할 수 있다.

🔵 환경경영 체제 및 지표

환경경영 체제란 녹색성장위원회가 환경경영의 확산을 위해서 기존 ISO14001 환경경영시스템 인증제도에 녹색 요구 사항(친환경, 온실가스 감축, 에너지 절감)을 추가한 개념이다. 환경경영 체제의 기본 내용은 ① 환경경영 방침 수립, ② 체계적·전사적 수행, ③ 환경 보고서 작성 후 공표의 순서로 이루어져 있다. ISO14000대의 규격을 살펴보면 환경경영 체제, 환경 심사, 환경 성과평가 등 조직체의 환경관리 체제에 관한 내용과 환경 라벨링, 전 생애 평가, 제품 표준의 환경적 관점 등 제품의 환경성에 관한 내용으로 구성되며, 한국의 환경경영 체제는 둘 중 조직체의 환경 관리 체제에 중점을 둔다.

환경경영 지표는 환경경영 국내 모든 기업에 보편적으로 적용될 수 있는 기준 및 지표로, 녹색성장위원회, 산업통상자원부, 환경부, 중소벤처기업부에서 협업하여 만든 지표이다. 환경경영 지표는 5개 대분류, 15개 소분류, 39개 세부 지표로 구성되며, 환경경영에 대한 정부 차원의 최초의 상세 기준으로서 향후 환경경영 관련 정부 시책 적용 기준으로 활용될 예정이다. 또한 지구 환경 보호와 기업의 사회적 책임의 중요성이 대두되는 현 상황 속에서 환경경영 지표는 기업 환경경영의 중요한 평가 기준과 실천 전략으로 활용될 것이다.

녹색기업 지정제도

녹색기업 지정제도는 환경부에서 총괄 운영하고 있으며, 환경경영 체제를 구축하고 자원 및 에너지 절감, 오염 물질 저감, 사회적·윤리적 책임 이행 등을 실천하는 환경경영 우수기업을 '녹색기업'으로 지정해 주는 제도이다. 녹색기업 지정제도는 95년 부터 '환경친화기업 지정제도'로 운영해 왔으며 2010년 '저탄소 녹색성장 기본법' 시행으로 인해 '녹색기업'으로 명칭이 변경되었다. 녹색기업으로 지정받고자 하는 기업은 녹색경영 보고서를 관할 환경청장에 제출하면 된다.

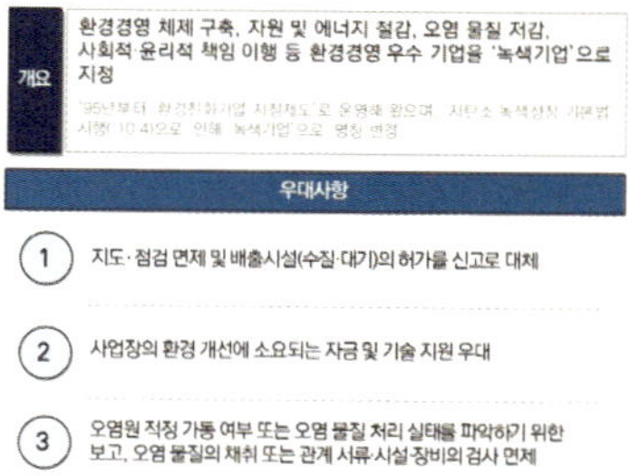

그림 50 녹색기업 지정제도

녹색기업으로 지정되면 해당 기업은 녹색경영 관련 지도·점검이 면제되고 배출시설(수질·대기)의 허가를 신고로 대체할 수 있다. 또한 사업장의 환경 개선에 소요되는 자금 및 기술 지원을 우대해 주며, 오염원 적정 가동 여부 또는 오염 물질 처리 실태를 파악하기 위한 보고, 오염 물질의 채취 또는 관계 서류·시설·장비의 검사가 면제된다.

환경성적표지 또한 환경부에서 총괄 운영하고 있으며, 제품 및 서비스의 원료 채취, 생산, 수송·유통, 사용, 폐기 등 전 과정에 대한 환경 영향을 계량적으로 표시하는 제도이다. 환경성적표지를 통해 제품에 대한 정확한 환경 영향을 쉽고 투명하게 공개함으로써 소비자의 환경을 고려하는 구매 활동을 지원하고, 시장 주도의 지속적인 환경 개선을 유도할 수 있다.

환경성적표지의 영향 범주는 크게 7가지로 나눠진다. ① 대기로 방출된 이산화탄소 등 온실가스 물질이 지구의 기후변화에 미치는 영향인 탄소 발자국, ② 농업, 공업 등 인간 활동이 수질, 수량 등 수자원에 미치는 영향인 물 발자국, ③ 대기 중으로 배출된 프레온가스 등 오존층 파괴 물질이 성층권에 존재하는 오존층에 미치는 영향인 오존층 영향, ④ 대기 중의 산성화 물질이 빗물에 녹아 지표로 떨어지면서 인간 활동 및 생태계에 미치는 영향인 산성비, ⑤ 대기, 수계, 토양에 질소, 인 등 유기 물질의 농도가 과다해짐에 따른 생태계 영향인 부영양화, ⑥ 인간 활동으로 발생된 활성 물질이 빛과 반응하여 생성된 지표면 오염 물질로 인한 인체 및 생태계 영향인 광화학 스모그, ⑦ 광물 및 화석연료 등의 개발 및 소비로 인한 전 지구적 영향인 자원 발자국이 그 내용이다.

환경성적표지를 인증받게 되면 얻을 수 있는 혜택이 굉장히 많다. 우선 '녹색 제품 구매 촉진 조례'에 '녹색 제품'으로 반영되어 의무구매 대상에 포함되며 그린카드제도[25]와 연계하여 인증제품 소비 확대를 위한 인센티브(에코 머니)를 제공한다. 또한 기후변화 대응 또는 환경 보호와 관련된 정부 및 공공기관 포상에 추천되고 대중 매체(TV, 신문 등), 전시회, 뉴스레터 및 설명회 등을 통한 인증 제품 홍보가 가능하기 때문에 기업의 친환경적 이미지를 제고할 수 있다.

---

25 그린카드: 친환경 제품 혹은 친환경을 지원하는 기업의 제품을 구입하거나, 대중교통 및 에너지 사용량을 줄이면 정부와 관련 기업에서 인센티브를 주는 신용카드

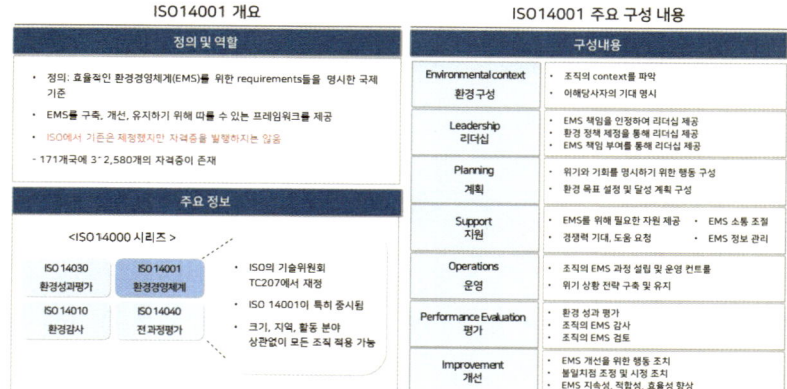

그림 51 ISO14001

● 국내외 환경경영 대표적 기업 및 기관

파타고니아

파타고니아는 환경경영을 우수하게 실천하는 대표적인 미국의 아웃도어 브랜드로, 원단·기술, 제조·물류, 마케팅, 판매 및 서비스 등 가치 사슬의 각 부문에서 환경경영을 실천하고 있다.

파타고니아는 기업 내부에서 가치 사슬과 환경경영을 결합했으며, 외부에서 환경단체를 후원하고 투자하는 활동 또한 펼치고 있다. 매출의 1%를 소규모 환경단체에 후원하는 기업 조직인 '1% for the Planet'을 구성하였으며, 이 후원에 전 직원이 참여하고 있다. 또한 Tin shed라는 사내 투자펀드를 조성하여 폐자원 재활용, 지속가능 소재 기술 사용, 재생 유기농업 등의 벤처기업에 투자하고 있으며, 투자처들을 협력사로 자사 공급망에 통합하여 소셜 벤처와의 상생 모델을 추구한다.

파타고니아는 기업 내부와 외부에서 환경경영 전략을 결합함으로써 일관된 브랜드 정체성을 만들어 내고 기업 시장 환경과 투자처에 상생 모델을 구축했다. 일관된 브랜드 정체성은 파타고니아 제품과 이미지에 대한 차별적 경쟁력을 창출하는 데 기여했다. 또한 상생 모델 구축으로 제품, 고객 리스크를 예방(유해 제품 방지, 고객 불만 감소)하고 정부, NGO, 소비자 단체 등과의 갈등 문제를 개선 및 예방하는 등 리스크 예방 및 감소를 통해 지속가능성과 수익성을 창출하고 있다.

그림 52 파타고니아 환경경영

한국동서발전

한국동서발전은 전력 자원의 개발과 발전 및 이와 관련되는 사업을 영위하는 기업으로 대한민국 전체 발전 설비의 11.2%를 점유하고 있다. 한국동서발전은 환경경영 체제의 3대 전략 방향을 깨끗한 에너지 생산, 지역사회와 동행, 지속가능시스템 구축으로 설정하고 이를 달성하기 위한 40개의 세부실천 과제를 추진하고 있다. 한국동서발전의 전 발전소는 환경경영시스템 국제 규격인 ISO14001을 인증받았고, 발전소 중 일산본부는 국내 발전업계 최장기간 동안 녹색기업으로 지정받았다.

한국동서발전 환경경영의 3대 전략 방향 중 깨끗한 에너지 생산 부문에서는 2019년 환경 설비 운영 및 설비 개선을 위해 총 2,645억 원을 투자해 미세먼지 감축 등 3,701억원의 성과를 달성하였다. 또한 복합 화력 전호기(14기) 탈질 설비 설치를 완료하는 등 전력 생산에 따른 대기 오염 물질 배출을 2015년 대비 2019년 49%를 감축하였고, 78개 협력 중소기업의 온실가스 감축사업을 지원하였으며(2019년 누계), 석탄재 재활용률도 2019년 113%로 전년 대비 37%p 증가하였다.

지역사회와 동행 부문에서는 전사업소에 환경경영협의회를 구축했고 울산환경운동연합과 협업사업을 추진하여 온배수를 활용한 친환경 양식장을 조성하였다. 또한 제25회 환경의 날을 맞이하여 울산환경운동연합과 공동으로 시행한 반딧불이 복원사업을 통해 육성한 반딧불이를 사회적 취약 계층 어린이에게 전달하는 반딧불이 나눔 행사를 진행하였으며, 환경 영화를 상영하였다.

지속가능시스템 구축 부문에서는 전사적인 환경 리스크 관리시스템을 구축하였고, 발전소 주변 지역 어린이 건강 영향조사 및 18건의 환경 관련 연구 과제를 수행하는 등 사람 중심 환경경영을 추진하고 있다.

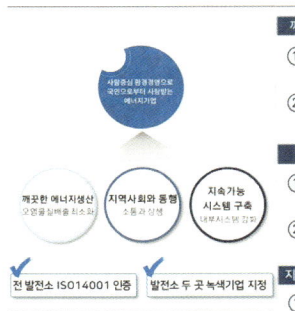

그림 53 한국동서발전 환경경영 사례

스타벅스

스타벅스 또한 그리너(Greener) 캠페인, 친환경 매장 운영 등을 시행하며 환경 문제에 뚜렷한 의식을 갖고 있는 밀레니얼 세대의 그린 컨슈머리즘에 적극적으로 대응하고 있다.

그리너(Greener) 캠페인에서는 종이 빨대를 도입하여 2018년 9월부터 모든 매장에서 플라스틱 빨대를 퇴출시켰고 연간 1억 8,000만여 개의 플라스틱 빨대 사용을 줄였다. 또한 매월 10일을 '일회용 컵 없는 날'로 지정하고 머그컵과 다회용 컵 사용을 권장하고 있으며, 비닐 포장재도 친환경 소재 포장재로 변경하고, 빨대 비닐, 각종 MD 제품을 포장하는 에어캡도 옥수수 전분당 등 자연 분해가 되는 종이 포장재로 대체하였다. 에코보너스 스타제도 또한 시행하고 있는데, 개인 컵을 이용해 제조 음료를 주문한 고객은 300원 할인이나 에코별 1개 적립 중 선택하여 혜택을 받을 수 있다. 에코 보너스 스타 도입 전후 한 달간을 비교해 보면 개인 컵 사용 고객이 전달 대비 약 24% 증가하였다.

친환경 매장을 운영하기 위해 스타벅스는 전력 수요가 집중되는 여름철을 맞아 전력 피크 시간대인 오후 2시부터 5시까지를 '그린 아워'로 정해 매장 창가 주변의 일부 조명을 소등하고, 소등 시간 동안 창가 블라인드를 조절해 자연광을 최대한 이용하고 있다. 2010년부터는 지구촌 기후변화 방지를 위한 전등 끄기 캠페인 'Earth Hour'에 동참하고 있다.

또한 친환경 매장 설계를 위해 신규 매장 오픈 시 친환경 건축 자재 사용 및 폐점 매장의 인테리어 자재를 재활용, LED 조명, 절수형 수도꼭지, 자연 채광 이용 등의 친환경 설계 전략을 이용하여 지구촌 기후변화 방지 운동에 적극 참여하고 있다. 여의도IFC(1F) 매장은 친환경 건축물 평가시스템인 LEED® 인증을 획득하였다.

그림 54 스타벅스 환경경영

Part 5
ESG Driving Force

Chapter 1. EERS 개념 및 동향 · 156
에너지효율 혁신을 이끄는 EERS · 156
EERS 사업 유형 및 한계점 · 158
EERS 해외 사례 · 159
EERS 기대효과 · 161

Chapter 2. 천연가스 수급 현황 및 시나리오 · 162
천연가스의 개념 · 162
국내 LNG 수급 및 도입 현황 · 164
천연가스 수요 시나리오 · 165

Chapter 3. 지금은 재생에너지에 집중할 때 · 167
재생에너지 3020 계획 · 167
RPS 및 REC 현황 · 168
재생에너지 유형 · 171
재생에너지 3020 정책에 따른 영향 · 172

Chapter 4. CCUS(Carbon Capture, Utilization & Storage) · 175
CCUS 정의 및 현황 · 175
이산화탄소 포집, 활용, 및 저장기술(CCUS) 분류 · 177
CCUS를 통한 순환경제 구현 · 179
CCUS 국내외 정책 동향 · 180

Chapter 1

EERS
개념 및 동향

> 에너지효율은 가장 친환경적이고 경제적인 제1의 에너지원이다.
> – 산업통상자원부 –

● 에너지효율 혁신을 이끄는 EERS

EERS란 Energy Efficiency Resource Standard의 약자로, 에너지효율 향상 의무화제도를 뜻한다. 에너지효율 향상 의무화제도란 정부가 구체적 수치로 설정한 에너지효율 향상 목표의 달성을

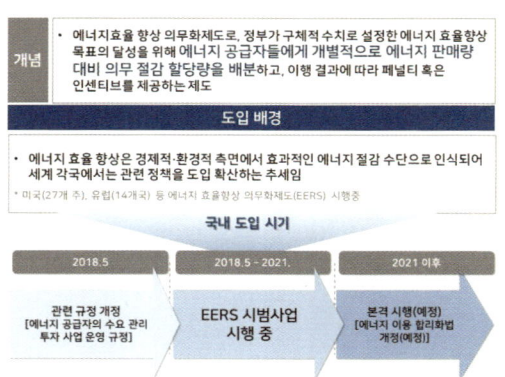

그림 55 EERS(Energy Efficiency Resource Standard)

위해 **에너지 공급자들에게 개별적으로 에너지 판매량 대비 의무 절감 할당량을 배분**하고, 이행 결과에 따라 페널티 혹은 인센티브를 제공하는 제도이다. EERS는 경제적·환경적 측면에서 효과적인 에너지 절감 수

단으로 인식되어 세계 각국에서 관련 정책을 도입·확산하는 추세이다.

국내에서는 2018년 5월 EERS 관련 규정인 '에너지 공급자의 수요 관리 투자 사업 운영 규정'이 개정되었으며, 2018년 5월부터 현재까지 EERS 시범사업이 시행 중이다. 2021년에는 에너지 이용 합리화법이 개정되어 EERS 제도가 본격 시행될 예정이다.

국내 EERS 시행 대상으로는 전력 자원을 개발, 발전, 송·변전, 배전 등 전력사업을 통할하는 한국전력공사, 천연가스 제조, 공급, 생산기지와 공급망을 건설하는 한국가스공사, 지역 냉난방 공급기관인 한국지역난방공사가 있다. 각 기관의 에너지 절감 목표는 전전년도 연간 판매량(GWh)에 목표 비율(%)을 곱한 값으로 정해진다. 이때 목표 비율은 정부가 정하며 '18년에는 0.15%', '19~20년에는 0.2%', ~31년까지는 1%로 상향될 예정이다.

산업통상자원부는 2018년부터 한국전력공사를 대상으로 EERS 시범사업을 도입했다. 또한 2019년부터는 한국가스공사 및 한국지역난방공사도 EERS 시범사업 대상에 포함되어 의무 에너지 판매량 절감 목표를 이행 중이다.

연도별 EERS 시범사업 추진현황을 보면 전체 단위 사업 수는 2018년 12개, 2019년 25개, 2020년 29개로 지속적으로 증가하고 있다. 에너지 공급사들은 소비자들의 에너지 수요 절감 관련 사업이나 에너지 절약 '전문 기업(Energy Service Company, ESCO)'의 투자 대행을 통해 할당 목표를 이행하고 있다. 정부는 EERS 시범사업을 추진하면서 사업 시행 결과를 바탕으로 제도 운영 인프라를 개발하고 법제화를 추진할 예정이다.

● EERS 사업 유형 및 한계점

EERS 사업의 유형은 효율 향상 사업, 부하 관리 사업, 기반 조성 사업 3가지로 나눠진다.

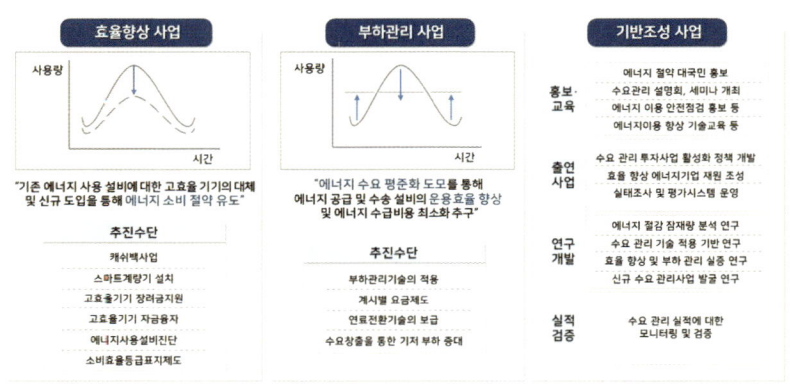

그림 56 EERS 사업의 유형

효율 향상 사업은 전력 사용량을 줄이기 위해 기존 에너지 사용 설비에 대한 고효율 기기의 대체 및 신규 도입을 통해 에너지 소비 절약을 유도하는 사업이다. 추진 수단으로는 캐시백사업, 스마트 계량기 설치, 고효율 기기 장려금 지원, 고효율 기기 자금 융자 등이 있다. 부하 관리 사업은 시간에 따른 전력 사용량 편차를 줄이기 위한 사업이다. 에너지 수요 평준화 도모를 통해 에너지 공급 및 수송 설비의 운용효율 향상 및 에너지 수급비용 최소화를 기대할 수 있다. 사업 추진을 위한 구체적인 방안으로는 부하 관리 기술의 적용, 계절별 요금제도, 연료 전환 기술의 보급 등이 있다. 기반조성사업은 말 그대로 에너지효율 사업의 기반을 조성하기 위한 사업이다. 에너지 절약 대국민 홍보와 수요관리 설명회, 세미나 등을 개최하는 홍보·교육 부문, 수요 관리 투자사업 활성화 정책을 개발하는 등의 출연사업 부문, 에너지 절감 잠재량 분석, 수요 관리 기술 적용 기반을 연구하는 연구 개발 부문, 수요 관리 실적에 대한 모니터링 및 검증을 실현하는 실적 검증 부문이 있다.

최근 5개년 에너지 공급사 투자사업의 규모를 보면, 한전을 제외한 가스공사와 난방공사는 효율 향상 사업이 아닌 부하 관리 및 기반 조성 사업으로 투자사업 유형이 편중된 것을 볼 수 있다. 효율 향상 사업은 에너지 수요 관리의 핵심 수단이므로, 투자사업 유형이 타 부분에 편중된 것은 EERS 제도의 취지와 거리가 있다. 따라서 에너지효율을 통한 온실가스 저감이라는 목표를 달성하기 위해 에너지 공급사들은 효율 향상 사업에 집중하여 에너지 판매량을 직접적으로 절감할 필요가 있다.

● **EERS 해외 사례**

미국, 유럽 등에서는 2000년대 중반부터 에너지효율 향상 의무화제도(EERS)를 이미 시행 중에 있다.

미국은 2000년대 중반부터 각 주 정부를 중심으로 EERS가 확산되었으며, EERS 목표 달성 장려를 위해 주 정부 별로 에너지 공급사들에게 인센티브를 제공하거나 페널티를 부과한다.

유럽에서도 각국들이 활발하게 EERS 제도를 시행하고 있다. 이는 2006년 EU가 기후변화 대응을 위한 전략으로 에너지효율 지침(EU Efficiency Directive)을 제정하면서 시작되었다. 각 회원국들은 해당 지침에 따라 개별적으로 법률과 정책을 정비하여 시행하고 있다. 영국에서는 2013년부터 ECO(Energy Company Obligation)라는 명칭으로 EERS 제도를 시행 중이다. ECO는 가정 부문의 에너지 절약 투자를 촉진하고 있으며 대규모의 에너지 공급사들이 고객과 에너지 절감량을 상호 약정하고 목표 달성 시 해당 고객에게 인센티브를 부여하고 있다.

프랑스는 2006년부터 CEE라는 명칭으로 에너지 절약 인증제도를 시행 중이다. CEE는 에너지 판매업자를 대상으로 3년 기준으로 에너지 절감 의무 목표량을 할당하고 시행 성과에 따라 인증서를 발급해 준

그림 57 EERS 해외 사례

다. 이탈리아도 마찬가지로 2005년부터 TEE라는 명칭의 에너지효율 인증제도를 시행하고 있다. TEE는 에너지 공급사들의 시장 점유율에 따라서 에너지 절감 목표를 배분한다.

이처럼 미국, 유럽을 포함한 선진국들은 모두 EERS 제도가 법제화되어 있으며, 오래전부터 시행되고 있다. 국내에서도 시범사업을 통해 실질적인 에너지 사용량 절감으로 이어질 수 있는 에너지효율 향상 사업을 본격적으로 시행해야 한다.

● EERS 기대효과

EERS의 기대효과로는 전력 절감량과 주체자 2가지 측면으로 나누어 생각해 볼 수 있다.

전력 절감량 측면을 먼저 살펴보면, 정부는 제8차 전력 수급 계획에서 2031년까지 절감 목표인 98만 GWh 중 37.2%인 36만 GWh를 EERS가 기여하게 될 것이라고 전망했다.

주체자 측면에서는 에너지 공급자, 소비자, 국가로 나누어 볼 수 있다. 에너지 공급자는 EERS 제도를 도입하게 되면 송배전 시설이나 발전소를 증축할 필요가 없고, 에너지 예비력 확보 최소화가 가능해진다. 또한 환경비용 절감이 가능하며 에너지 절감액으로 투자비 상환 또한 가능해진다. 소비자는 EERS 제도를 통해 전기 요금을 절감할 수 있고 그에 따라 자산 가치가 상승할 수 있다. 또한 에너지 설비의 운영과 유지 보수의 생산성이 향상된다. 국가는 EERS 제도를 통해 온실가스를 감축하고 에너지 안보를 강화할 수 있다. 또한 에너지 산업에서의 고용이 창출되고, 산업 생산성이 증가되는 효과를 기대할 수 있다.

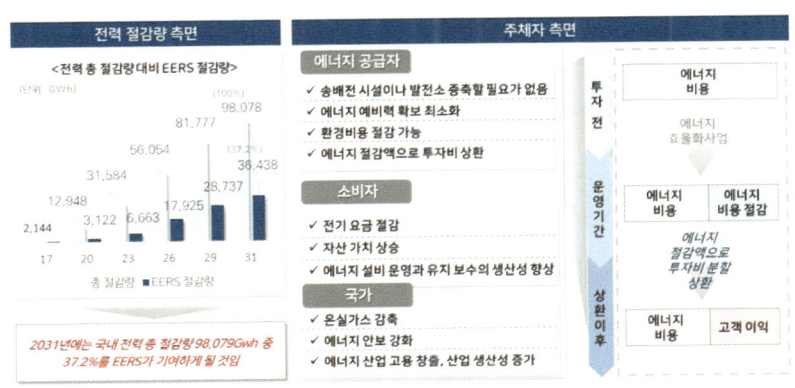

그림 58 EERS 기대효과

Chapter 2

천연가스 수급 현황 및 시나리오

● 천연가스의 개념

천연가스는 자연적으로 발생하여 지하에 매장되어 있는 발화성 탄화수소류의 혼합 기체이다. 천연가스의 종류는 전통 가스와 비전통 가스로 나누어진다. 전통 가스는 전통 유전인 트랩 구조 형태로 저류 암층에 함유된 천연가스로 한

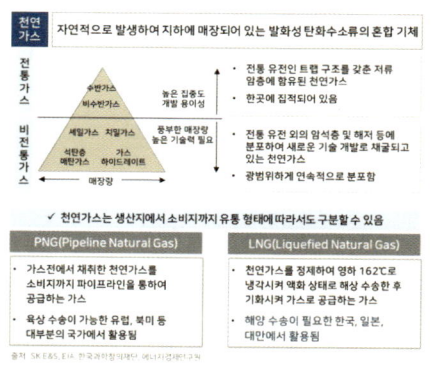

그림 59 천연가스의 개념과 종류

곳에 집적되어 있으며, 수반 가스와 비수반 가스로 분류할 수 있다. 수반 가스는 원유와 함께 매장되어 있고 비수반 가스는 원유에서 분리되어 단독으로 존재하기 때문에 집중도가 높고 개발 용이성 또한 높다. 비전통 가스는 전통 유전 외의 암석층 및 해저 등에 분포하여 새로운 기술 개발로 채굴되고 있는 천연가스로, 광범위하게 연속적으로 분포한다. 따라서 비전통 가스는 풍부한 매장량을 갖고 있으며 채굴하기

위해서는 높은 기술력이 필요하다.

천연가스는 생산지에서 소비지까지 유통 형태에 따라서도 구분할 수 있는데, PNG(Pipeline Natural Gas)와 LNG(Liquefied Natural Gas)가 그것이다. PNG는 가스전에서 채취한 천연가스를 소비지까지 파이프라인을 통하여 공급하는 가스로, 육상 수송이 가능한 유럽, 북미 등 대부분의 국가에서 활용된다. LNG는 천연가스를 정제하고 영하 162℃로 냉각시켜 액화 상태로 해상 수송한 후, 기화시켜 공급하는 가스이다. 따라서 LNG는 해양 수송이 필요한 한국, 일본, 대만에서 활용된다.

* LNG와 LPG의 개념이 헷갈릴 수 있는데,
LNG는 Liquefied Natural Gas로 액화 천연가스를 뜻하며
LPG는 Liquefied Petroleum Gas로 액화 석유가스를 뜻한다.
즉, LNG의 주성분은 천연가스이고 LPG의 주성분은 석유이다.

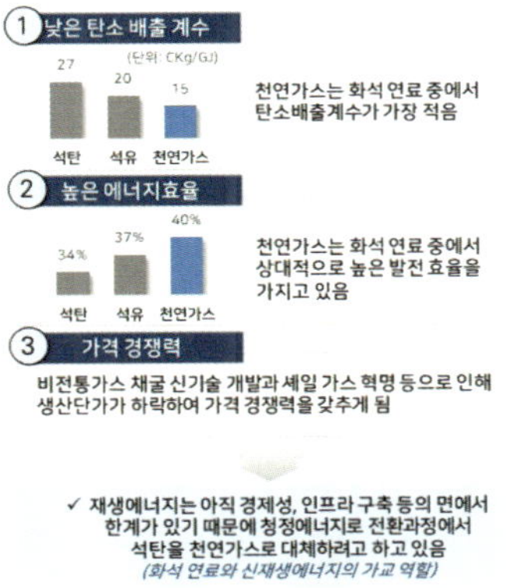

천연가스를 신·재생에너지라고 생각하는 경우가 많지만, 사실 천연가스는 석탄과 석유와 같이 지하 매장의 자원을 이용하는 화석연료이다. 천연가스가 화석 연료임에도 불구하고 환경에 도움이 되는 이유는 화석 연료별 탄소 배출 계수와 에너지효율 지표를 보면 알 수 있다.

화석 연료별로 탄소 배출 계수를

그림 60 천연가스 장점

살펴보면, 천연가스는 석탄 석유와 비교하여 확연히 적은 탄소 배출 계수를 갖고 있다. 즉, 동일한 양을 사용하여 에너지를 생산해도 가장 적은 탄소를 배출한다. 또한 화석 연료별로 에너지효율을 살펴보면 천연가스는 40%로 석탄, 석유와 비교하여 확연히 높은 에너지효율을 갖고 있다. 즉, 동일한 양을 사용해도 천연가스가 생산하는 에너지가 가장 많다는 뜻이다.

최근에는 천연가스 냉동 액화 기술이 발달하고 셰일 가스의 채취가 이루어지면서 가격 경쟁력 또한 갖추고 있어 천연가스 수요가 증가하고 있다. 정부와 각국에서는 탄소중립을 선언하며 재생에너지로의 전환에 힘쓰고 있지만, 재생에너지는 아직 경제성과 효율성, 인프라 구축 등의 면에서 완전하지 않기 때문에 천연가스가 화석 연료와 신재생에너지의 가교 역할을 할 것으로 기대되고 있다.

● 국내 LNG 수급 및 도입 현황

국내 LNG 수요는 청정고급에너지의 선호에 따라 매년 큰 폭으로 증가하고 있다. 따라서 LNG 중장기 도입계약 등을 통한 공급안정성 확보가 필수이다. 당해 연도의 LNG 수요는 당해 연도 LNG 공급 가능 물량(기초 재고+도입 물량)으로 충당되므로 당해 연도 LNG 수요량과 도입량 간에 일반적으로 차이가 발생한다.

정부가 2020년 말 발표한 제9차 전력 수급 기본 계획에 따르면, 2034년까지 석탄 화력 발전소 30기를 폐쇄하고 그 자리를 24기의 LNG 발전소로 대체할 예정이다. 이러한 정부의 천연가스 정책 기조에 따라, 산업통상자원부의 제13차 장기 천연가스 수급 계획에 따르면 천연가스 수요는 2018년 3,646만톤에서 2031년 4,049만톤으로 증가할 예정이다.

● 천연가스 수요 시나리오

Energy Intelligence가 24개 기관의 천연가스 전망 시나리오를 비교 분석한 것에 따르면 그중 2/3은 천연가스 수요 정점이 2035~2040년 사이에 도달할 것으로 예상한다. 대부분의 시나리오는 천연가스 수요 예상을 경제 성장률 가정에 의존하여 2050년경까지 경제 성장률 2.5~3%를 가정하거나, 인구 증가율 1% 정도에 기반한 1인당 GDP 1.5%~2%를 가정한다. 각국의 탄소중립 선언, 미국의 파리협약 재가입, 코로나19 극복의 일환인 그린딜 확산 등으로 에너지 전환 정책이 가속화되면서 천연가스 수요 정점은 더욱 앞당겨질 가능성이 있다.

반면 국제에너지기구(IEA, International Energy Agency)는 코로나19에 따라 천연가스 수요 전망이 변화했다며 예상 시나리오를 발표했다. 그에 따라 초기 천연가스 전망 예상치와 수정된 천연가스 전망 예상치에 차이가 생겼다. 또한 GECF(Gas Exporting Countries Forum, 가스수출국포럼)의 사무총장 Yury Sentyurin은 코로나19의 영향으로 2020년 가스 수요가 2.8~6% 하락할 것이며, 2022년에야 2019년 수준의 수요를 회복할 것이라고 언급했다.

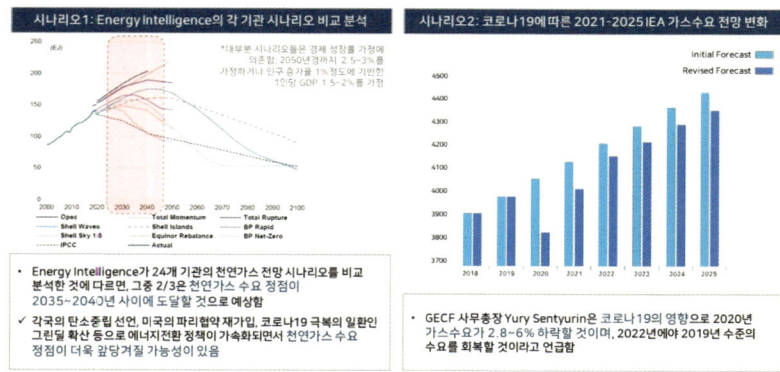

그림 61 천연가스 수요 시나리오

Chapter 3

지금은 재생에너지에 집중할 때

● 재생에너지 3020 계획

재생에너지 3020 계획은 정부가 2017년 말 발표한 에너지 전환 정책으로, 2030년까지 재생에너지 발전 비율을 20%까지 늘리겠다는 것이 핵심이다.

재생에너지 3020 계획에서는 폐기물·바이오 중심이던 신·재생에너지 분야를 태양광·풍력 등 청정에너지로 전환하고, 지역 주민·일반 국민 참여를 유도한다. 또한 개별 입지 난개발이었던 신재생에너지 방식을, 대규모 프로젝트 계획적 개발로 바꾼다. 이를 위한 추진 과제로는 도시형 태양광 확대, 농가 태양광 확대, 협동조합 및 사회적기업 확대, 공공·민간주도 대규모 프로젝트, 한국형 FIT제도[26] 도입 등이 있다.

이를 통해 2017년 태양광 38%, 풍력 8%의 15.1GW의 발전량 규모에서 2018~2030년까지 신규로 태양광 63%, 풍력 34%의

---

26 한국형 FIT제도는 소형 태양광 보급 확산을 목적으로 설비용량 30kW 미만의 태양광 발전 사업자와 100kW 미만의 농업인, 어업인, 축산업 종사자 및 협동조합을 대상으로 고정가격으로 계약을 해 주는 제도다.

48.7GW를 추가하여, 궁극적으로 2030년에는 전체 신재생에너지 중 태양광이 57%, 풍력이 28%를 차지하는 63.8GW의 발전량을 만들겠다는 것이 2030 계획의 내용이다.

● RPS 및 REC 현황

RPS란 Renewable Portfolio Standard의 약자로 신재생에너지 공급 의무화제도를 말한다. 신재생에너지 공급 의무화제도는 공급 의무자에게 총발전량 중 일정량 이상을 신재생에너지로 공급하도록 의무화한 제도이며, 2012년 1월 1일에 본격 시행되었다. 공급 의무자 범위는 2021년 기준으로 총 23개 사이다.

공급의무자 범위(총 23개 사, '21년):
한국수력원자력, 한국남동발전, 한국중부발전, 한국서부발전, 한국남부발전, 한국동서발전, 한국지역난방공사, 한국수자원공사, SK E&S, GS EPS, GS Power, 포스코에너지, 씨지앤율촌전력, 평택에너지서비스, 대륜발전, 에스파워, 포천파워, 동두천드림파워, 파주에너지서비스, GS동해전력, 포천민자발전, 신평택발전, 나래에너지서비스

2012년 RPS가 시행되기 전까지는 FIT제도(Feed-in Tariff)가 운영되었다. FIT제도는 발전 차액 지원제도로 신·재생에너지 발전 설비로 생산한 전력을 정부가 고정된 가격으로 구입하는 제도이다. 그러나 신·재생에너지 시장이 급성장하면서 정부가 보상해야 하는 차액에 대한 부담이 급격하게 증가했다. 이에 따라 FIT제도의 정부의 재정 부담을 완화하기 위해 RPS제도가 도입되었다. 연도별 신·재생에너지 의무 공급

량 증가 현황을 보면, 2019년 280만MWh에서 2020년 310만MWh로 10.6%가 증가했고, 2021년 380만MWh로 23%가 증가하였다.

RPS 공급의무자가 의무공급량을 채울 수 있는 방법에는 두 가지가 있는데, **직접 신재생에너지 발전 설비를 도입**하는 방식과 **다른 신재생에너지 발전 사업자로부터 공급 인증서(REC)를 구매**하는 방식이다. 그러나 공급 의무자가 직접 신·재생에너지 발전 설비를 도입하는 경우보다는 대부분의 공급 의무자가 다른 발전 사업자로부터 REC를 구매하는 방식으로 의무공급량을 채우고 있다.

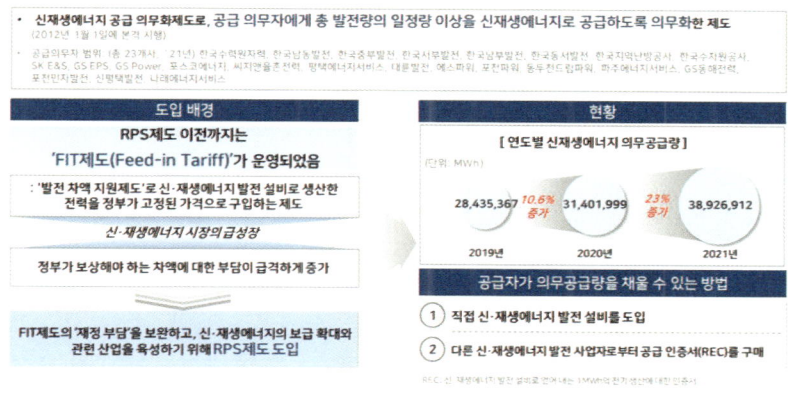

그림 62 RPS(Renewable Portfolio Standard)

RPS 공급 의무자들의 공급 의무량은 [공급 의무자의 총발전량(신재생에너지 발전량 제외)×의무 비율]로 산정된다. 이때 공급 의무량 비율은 위의 표에 따라 정해지며, 연도별 공급 의무량은 당해 연도 1월 말에 공고 후 9월 재공고를 통해 확정된다.

REC는 Renewable Energy Certificates의 약자로 신재생에너지 공급 인증서이다. REC는 신재생에너지를 이용해 에너지를 공급한 사실을 증명하는 인증서로 1MWh 기준의 전력량에 가중치(태양광은 0.7~1.5, 해상 풍력은 2.0 등)를 곱해 1REC 단위로 발행된다. RPS 의무 공급자들은 신재생에너지 발전 사업자나 의무 공급량을 초과한 다른 발전사로부터 REC를 구입할 수 있다. REC 거래 시장은 계약 시장과 현물 시장으로 나누어진다.

계약 시장에서는 공급 인증서 매매 계약을 체결한 후 계약 내용에 따라 매매가 이루어지는 반면, 현물 시장에서는 매수자가 매수 주문을 제출하고 최고 매수 가격을 제시한 자 순으로 매수자가 확정된다. REC 거래는 대부분 현물 시장을 통해서 이루어지는데, 현물 시장은 주식시장과 같이 수요 공급에 따라 가격이 변동하기 때문에 REC 가격은 불안정하다.

최근 2019년에서 2020년까지 REC 가격이 2만원까지 폭락한 이슈가 있었다. 이는 에너지 공급사들마다 정해진 에너지 공급 의무량이 있기 때문에 1년간 필요한 REC 수요는 정해져 있지만, 매년 신규 발전소가 진입하면서 REC 공급량이 늘어나 REC가 적체되면서 생긴 현상이다. 이에 따라 태양광 발전 사업자들과 관련 업체들은 매출이 크게 줄었고 투자금 회수 등의 어려움을 겪게 되었다.

이에 따라 정부는 REC 수급 여건을 개선하고 중소 신재생 발전사업자들의 안정을 도모하기 위해서 RPS 의무 공급 비율 상한을 10%에서 25%로 확대하였으며, 이는 2021년 10월 21일 본격 시행될 예정이다. 그러나 RPS 상한을 확대한다고 해서 좋은 점만 있는 것은 아니다. 중소 신재생 발전 사업자들의 안정을 위해 RPS 상한을 확대하긴 했지만, 국민 입장에서 신재생에너지는 생산성이 떨어져 발전단가가 높기 때문에 전기 요금 인상이 불가피하다. 또한 2020년 기준 발전 5사의 적자 규모가 2,848억원으로 심각한 상황에서, 적자 규모가 더욱 증가할 것이기 때문에 발전사들의 부담이 커지게 된다.

● **재생에너지 유형**

풍력 발전은 바람에너지를 이용하여 전기를 생산하는 발전 방식이다. 이 방식은 풍력 발전기의 블레이드가 회전하면서 발생하는 기계에너지를 발전기를 통해 전기에너지로 변환하는 원리이다. 풍력 발전은 바람을 이용하는 것으로 환경오염 및 고갈 염려가 없으며 산지에 조성되는 진입 및 관리 도로가 산림 관리를 위한 도로로도 활용이 가능하다는 장점이 있다. 그중에서도 해상 풍력 기초 구조물은 인공 어초 역할을 할 수 있기 때문에 어족 자원 확대에 기여하며 해양 레저, 관광단지 개발 및 육성을 통해 지역경제 활성화에 도움이 된다.

국내 연도별 풍력 발전 현황을 보면 2012년 73MW에서 2018년 161MW까지 2배 이상 증가했으며, 풍력 발전 중 대부분은 육상 풍력 발전이 차지하고 있음을 알 수 있다. 연도별 풍력 발전량 현황은 2013년에 비해 2018년 2배 이상 증가하였다. 그러나 신재생에너지 내 비중의 차이는 미미하고 전체 발전량 내 비중은 0.2%에서 0.4%로 증가함을 확인할 수 있다. 지역별 풍력 발전 보급 현황을 보면 강원, 전남 지역이 압도적으로 1, 2위를 차지하고 있다.

태양광 에너지는 태양광 발전 시스템을 이용하여 빛에너지를 모아 전기로 바꾸는 것으로, 에너지원이 청정하고 무제한이며 필요한 장소에서 필요량 발전이 가능하다는 장점이 있다. 또한 태양광 발전은 유지·보수가 용이하며 무인화가 가능하고, 20년 이상의 긴 수명을 갖고 있다. 반면, 전력 생산량이 지역별 일사량에 의존하고, 에너지 밀도가 낮아 큰 설치 면적이 필요하다는 한계점도 있다. 또한 설치 장소가 한정적이며 시스템 비용이 고가이기 때문에 초기 투자비가 높고, 발전단가 또한 높다.

태양광 발전 시스템은 하이브리드 시스템, 계통 연계형, 독립형 시스템으로 나누어진다. 하이브리드 시스템은 풍력 발전, 디젤 발전 등 타 에너지원에 의한 발전 방식과 결합된 방식이며, 계통 연계형은 한전 계통선이 들어오는 지역의 주택, 빌딩, 대규모 발전시스템에 사용된다. 독립형 시스템은 등대, 중계소, 인공위성, 도서, 산간, 벽지 등에 사용된다.

● 재생에너지 3020 정책에 따른 영향

정부의 재생에너지 3020에 따라 태양광을 포함한 재생에너지 성과는 눈에 띄게 보이지만, 그에 따른 부작용도 상존하고 있다.

태양광 성과의 경우, 한국은 2017년 12월 재생에너지 3020 이행 계획 수립 이후에 2019년 태양광 세계 9위(누적 11.8GW)를 달성했다.

또한 태양광 발전 설비 용량은 2017년 500만KW, 2018년 720만KW, 2019년 1,000만KW까지 연평균 44.1%의 성장률을 기록했다. 국산 태양광 설비 및 셀 수출 또한 확대되었다. 2017년 73.5%였던 국산 태양광 설비 비중은 2019년 78.4%까지 확대되었으며, 2017년 98백만달러이던 셀 수출액은 2019년 3.6억달러까지 증가했다. 또한 국내기업이 미국, 일본, 독일 등의 태양광 시장 점유율 1위를 차지하였다.

이처럼 재생에너지 3020에 따른 태양광 성과에도 불구하고, 부작용 또한 존재한다. 재생에너지 3020의 부작용은 크게 정부 보조금 폭락과 탄소 인증제 가산점제도에 따른 발전소 계약 탈락이다.

첫 번째 부작용은 정부보조금 폭락으로 인한 태양광 사업자들의 매출 하락이다. 태양광 시스템에 저장된 측정 계량값에 해당 시간대의 시장가격을 곱한 만큼의 가격을 한국전력공사가 전량 구매한다. 그래서 태양광 발전사들은 생산한 전기의 판매를 고민할 필요가 없다. 문제는 정부 보조금인데, 정부 보조금은 현금이 아닌 REC(인증서) 형태로 지급된다. 그리고 이 REC 형태의 정부 보조금이 태양광 사업자들의 매출의 50%가 넘는 비중을 차지한다. 그런데 정부의 재생에너지 3020 정책 때문에 태양광 사업자 수가 폭발적으로 증가했고, REC 가격이 폭락했다. 그에 따라 정부 보조금이 같이 폭락하면서 태양광 발전 사업자들은 어려움을 겪고 있다.

두 번째 부작용은 **탄소 인증제 가산점제도**이다. 2020년 말 '탄소 인증제 가산점제도'가 시행되었는데, 이 제도는 태양광 발전소를 지을 때 탄소 인증제를 사용하겠다는 서류를 제출하면 태양광 사업자들이 대형 발전사들과 장기 계약을 체결 시 가산점을 주는 제도이다. 그러나 문제는 '탄소 인증제 가산점제도'는 이미 준공된 발전소가 아닌 미준공 발전소를 대상으로 하기 때문에 이미 준공된 발전소는 가산점을 받을 수 없다는 것이다. 이에 따라 이미 준공된 발전소들이 대형 발전사들과 장기 계약에 대거 탈락하면서 어려움을 겪게 되었다. REC 폭락으로 현물 시장보다는 계약 시장을 통해 어려움을 극복하고자 했지만,

계약 시장에서도 REC를 판매할 수 없게 된 것이다.

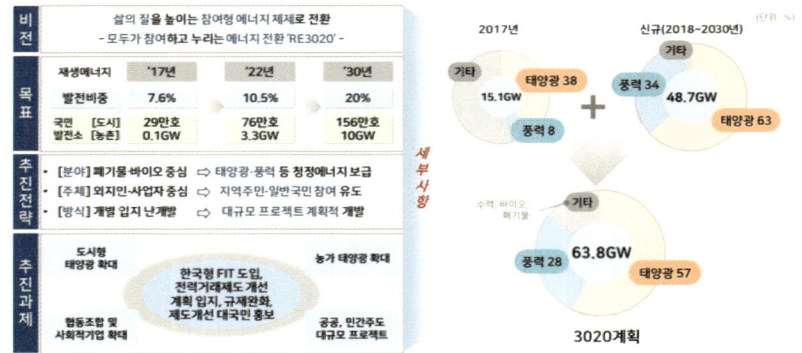

그림 63 재생에너지 3020 계획

Chapter 4

CCUS
(Carbon Capture, Utilization & Storage)

● **CCUS 정의 및 현황**

CCUS는 'Carbon Capture, Utilization & Storage'의 약자로, 이산화탄소 포집, 활용 및 저장기술을 의미한다. 즉, 석유 화학 공장이나 석탄 발전소 등에서 발생하는 탄소를 공기 중으로 배출하는 것이 아니라, 포집,

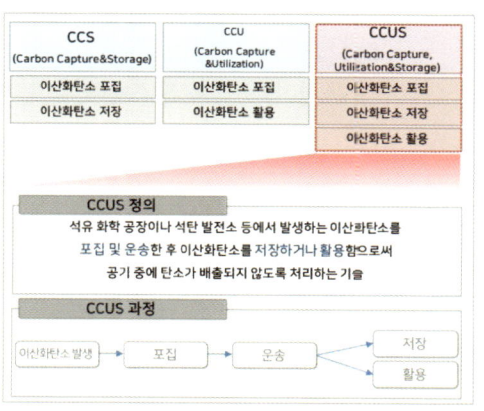

그림 64 이산화탄소 포집, 활용 및 저장기술(CCUS)

운송 후 저장하거나 활용하기 위한 기술이다. CCUS 유사 개념으로 이산화탄소 포집 및 저장을 의미하는 CCS와 포집 및 활용을 의미하는 CCU가 있으며, CCUS는 두 개념을 모두 포괄하고 있다. CCUS는 이산화탄소 처리를 비용으로 바라보던 기존의 시각에서 벗어나 이산화탄소를 또 다른 원료로 바라보는 흐름 속에서 각광받게 되었으며, CCUS

Part 5 ESG Driving Force 175

의 전반적인 단계는 다음과 같다. 모든 단계를 거치게 되면 이산화탄소가 공기 중으로 방출되는 것을 막을 수 있게 된다.

1) 이산화탄소 발생
2) 이산화탄소 포집: 화력 발전소, 제철소와 같은 대규모 산업 공정 시설에서 배출된 이산화탄소를 분리한 후 포집하는 기술을 의미한다.
3) 이산화탄소 운송: 분리 및 포집한 이산화탄소를 압축하여 파이프라인과 선박을 이용하여 목적지까지 운송하는 기술을 의미한다.
4) 이산화탄소 사용 및 저장: 포집한 이산화탄소가 대기로 배출되는 것을 막기 위해 저장하거나 새로운 원료로써 필요한 곳에 사용할 수 있도록 하는 기술을 의미한다.

국제적인 온실가스 감축 노력은 2015 파리협정이 채택됨에 따라 가속화되었다. 당시 온실가스 감축 목표를 포함한 자발적 국가결정기여(INDC)를 제출한 147개국 중 127개국이 정량화된 감축 목표를 제시하는 등 감축 필요성에 대한 인식이 확산되었다. 하지만 신재생에너지 개발이나 화력 발전 감축이 온실가스 감축 목표에는 효율적이더라도 **현실적인 측면에서 경제성이 충분히 보장되지 않는다**는 문제가 발생하였다. 즉, 이와 같은 방법으로 이산화탄소를 감축하려고 했을 때 상당한 시간과 재원이 소요된다는 것이다. 예를 들면, 독일은 신재생에너지의 비중을 확대한 결과 산업용 전기 요금이 6년간 42% 상승하는 등 경제적인 손실이 발생하였다. 이러한 문제점을 고려했을 때 **저탄소 재생에너지 중심의 에너지 전략의 한계**를 보완하기 위한 방법이 필요하다. 따라서 단순히 이산화탄소 배출을 감소시키려는 노력에서 더 나아가 이산화탄소를 포집, 활용 및 저장하는 CCUS가 각광받게 되었다. 국제에너지기구에 따르면 CCUS는 탄소제로 달성을 위한 유일한 기술로, 특히 CCUS의 경우 2060년까지 이산화탄소 누적 배출 감축의 14%를 담당할 것이라고 예측된다. 특히, 석유화학이나 시멘트 등 저탄소 전환이 어려운 산업의 경우 해당 공정과정에서의 이산화탄소 감축은 CCUS가 유일하다고 볼 수 있다.

● **이산화탄소 포집, 활용, 및 저장기술(CCUS) 분류**

앞서 언급되었듯이 CCUS는 크게 포집 단계, 저장 단계, 활용 단계가 있으며, 각 단계에 따라 기술의 세분화된 분류가 가능하다.[27]

1) 포집 단계(포집하는 위치에 따른 분류)
- 연소 후 포집: 연소 공정 이후 배출되는 가스로부터 이산화탄소를 포집하는 기술이다. 즉, 연소 이후 배가스에 포함된 이산화탄소를 흡수제를 활용하여 포집한 후, 스팀으로 가열함으로써 고순도의 이산화탄소를 회수하는 기술이다.
- 연소 전 포집: 연소 공정 이전 가스화나 부분 산화 등을 통해 이산화탄소를 포집하는 기술이다. 연료를 산소와 반응시킴으로써 합성가스 제조 시 발생하는 이산화탄소가 가스 터빈에 유입되기 전에 포집되도록 하는 기술이다.
- 순산소 연소기술: 연소 시 고순도 산소를 공급함으로써 이산화탄소를 포집하는 기술이다. 즉, 연료 연소에 있어서 공기가 아닌 순수한 산소를 사용하는 것이다.

---

27 김한해·배준희·정지연, '이산화탄소 포집·저장·활용기술', 한국과학기술기획평가원, 2018

2) 저장 단계[28]
- 지중 저장: 앞 단계에서 포집한 이산화탄소를 심부 암층에 주입하는 저장 기술이다.
- 해양 저장: 포집한 이산화탄소를 해저 3,000m 이하에 분사하여 저장하는 기술이다. 해양 저장의 경우 상당한 처리 비용과 해양 산성화와 같은 문제로 인해 국제적 협약으로 금지되어 있는 경우가 많다.
- 지표 저장: 칼륨과 마그네슘과 같은 광물에 이산화탄소를 반응시킴으로써 화학적으로 이산화탄소를 저장하는 기술이다.

3) 활용 단계
- 비전환(직접 사용): 이산화탄소를 생물학적 또는 화학적으로 전환시키지 않고 있는 그대로를 사용하는 기술이다. 예시로는 작물 수확량 확대, 용제 활용, 식음료 생산 등이 있다. 즉, 이산화탄소를 전환시키는 대신에 가지고 있는 열 흡수 능력과 같은 고유한 물성을 이용하여 직접적으로 사용한다는 것이다.
- 전환: 이산화탄소의 생물학적 또는 화학적 전환을 거쳐 활용하는 기술을 의미한다. 생물학적 전환이란 광합성과 같은 탄소 순환 시스템을 활용하여 탄소를 유용한 유기 물질로 만드는 것을 의미하며, 화학적 전환이란 화학 반응이나 공정기술을 이용하여 탄소를 유용한 화학 물질로 전환시키는 것을 의미한다. 대표 활용 분야로는 연료, 화학 물질 및 건축자재 제조 기술이 있다.

---

28 고자경 외 17인, '이산화탄소 전환(CCU) 기술백서', 한국화학연구원, 2020.11

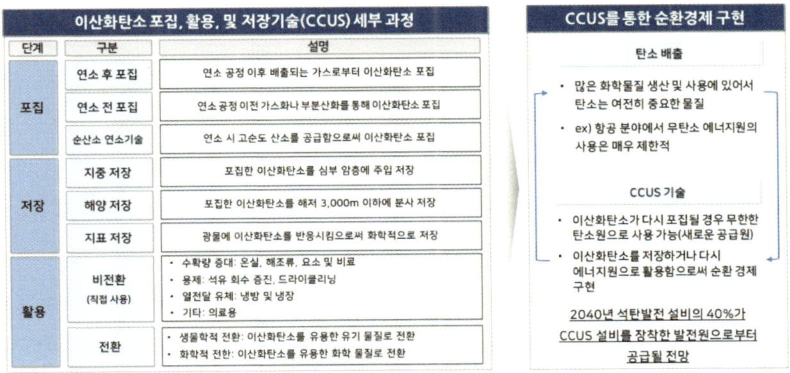

이산화탄소 포집, 활용, 및 저장기술(CCUS) 세부 과정

단계	구분	설명
포집	연소 후 포집	연소 공정 이후 배출되는 가스로부터 이산화탄소 포집
	연소 전 포집	연소공정 이전 가스화나 부분산화를 통해 이산화탄소 포집
	순산소 연소기술	연소 시 고순도 산소를 공급함으로써 이산화탄소 포집
저장	지중 저장	포집한 이산화탄소를 심부 암층에 주입 저장
	해양 저장	포집한 이산화탄소를 해저 3,000m 이하에 분사 저장
	지표 저장	광물에 이산화탄소를 반응시킴으로써 화학적으로 저장
활용	비전환 (직접 사용)	• 수확량 증대: 온실, 해조류, 요소 및 비료 • 용제: 석유 회수 증진, 드라이클리닝 • 열전달 유체: 냉방 및 냉장 • 기타: 의료용
	전환	• 생물학적 전환: 이산화탄소를 유용한 유기 물질로 전환 • 화학적 전환: 이산화탄소를 유용한 화학 물질로 전환

CCUS를 통한 순환경제 구현

탄소 배출

- 많은 화학물질 생산 및 사용에 있어서 탄소는 여전히 중요한 물질
- ex) 항공 분야에서 무탄소 에너지원의 사용은 매우 제한적

CCUS 기술

- 이산화탄소가 다시 포집될 경우 무한한 탄소원으로 사용 가능(새로운 공급원)
- 이산화탄소를 저장하거나 다시 에너지원으로 활용함으로써 순환 경제 구현

2040년 석탄발전 설비의 40%가 CCUS 설비를 장착한 발전원으로부터 공급될 전망

그림 65 CCUS 세부 과정

CCUS를 통한 순환경제 구현

"이산화탄소를 저장하거나 다시 에너지원으로 활용함으로써 순환경제 구현"

CCUS의 두드러지는 점 중 하나는 대기 중 이산화탄소 배출을 막는 것에서 넘어서서 이를 다시 활용할 수 있도록 한다는 것이다. 탄소는 아직까지 많은 화학 물질을 생산하고 사용하는 데에 있어 중요한 물질이다. 예를 들면, 항공 분야의 경우 탄소를 대체하는, 무탄소 에너지원의 사용이 상당히 어렵다. 이러한 문제점을 고려했을 때 CCUS 기술은 이산화탄소를 다시 포집 및 활용함으로써 이를 새로운 공급원으로서 바라보고 있다. 즉, 이산화탄소를 저장하거나 다시 에너지원으로 활용함으로써 순환경제를 구현하고 있다는 것이다. 이러한 흐름에 따라 2040년 기준 전체 석탄발전 설비의 40%가 CCUS 설비를 갖춘 발전원으로부터 공급될 전망이다.

CCUS 국내외 정책 동향

미국은 2021년 기준 글로벌 CCS 시장에서 1위를 차지하고 있는 만큼 CCUS 분야에서 상당한 영향력을 가지고 있으며, 나아가 2025년 기준 2세대 포집 기술을, 2035년 기준 변형 탄소 포집 기술을 상용화하는 목표를 설정하였다. 여기서 2세대 포집 기술이란 이산화탄소 1톤당 포집 비용 40~50달러 수준의 기술을 의미하며, 변형탄소 포집 기술이란 이산화탄소 1톤당 포집 비용 24달러 이하의 기술을 의미한다. 이와 같은 목표 달성을 위해 미국은 CCUS와 관련된 연구 및 대규모 실증 프로젝트를 지속적으로 추진 중이며, CCUS 기술은 미국 에너지부 화석 에너지국이 지정한 중점투자기술에 포함된다. 더 나아가 미국 에너지부는 2020년 1월 CCU 개발 프로젝트에 약 1,500만달러를 투자할 것을 발표하였다. 3가지 주요 분야(CO_2 유래 유용 유기물 생산 기술 분야, CO_2 유래 무기물 생산 기술 분야, 조류 활용 CO_2 유래 포집 기술 분야)를 중점적으로 연구를 진행하고, 궁극적으로 화석 자원의 계속적인 사용을 목표로 한다.

CCUS와 관련된 실행으로는 세계 최대의 CCS 시설로 알려진 페트라 노바(Petra Nova)프로젝트가 있다. 이는 2017년 완공되었으며, 페트라 노바 석탄 화력 발전소에서 배출된 이산화탄소의 90%를 포집한 후 포집된 이산화탄소는 텍사스의 원유 증간(EOR) 프로젝트로 활용되었다. 그뿐만 아니라 미국은 CCUS와 관련하여 인센티브 제도를 도입하고 있다. '45Q Tax Credit'이라고 불리는 인센티브 제도는 세액 공제 정책으로, 탄소 배출에서 포집한 이산화탄소에 대해서 세액 공제 혜택을 제공한다. 해당 제도하에서 CCU 기술을 다루는 작은 규모의 프로젝트 사업자들도 혜택을 받을 수 있도록 함으로써 CCU 기술 발전 및 확산을 이루고자 한다.

EU는 R&D 프로그램인 'Horizon 2020'에서 CCU 기술을 지원 대상에 포함시켰으며, 그 결과 2014년부터 2020년 사이 CCU 프로젝트에 총 2억 7,300만달러의 자금을 지원받았다. 이 외에도 2021년부터 설계하고 있는 이노베이션 펀드(Innovation Fund)를 통해 CCUS 기술 개발을 위한 적극적인 투자를 진행할 것으로 예상된다. CCUS 연구에 있어서는 저탄소 에너지의 R&D 투자를 약속한, EU 국가들을 포함한 연합인 '미션 이노베이션(Mission Innovation)'이 있다. 해당 국가들은 2016년 CCUS 개발을 위해 7개의 과제를 수행하기로 합의하였으며, 지속적인 R&D 투자를 진행하고 있다. 세부 국가 예시로 독일은 약 150백만유로 규모의 민간기업과 연방 교육연구부 공동연구를 추진하였고, 그 결과 일부 CCUS 공정 기술을 성공적으로 상용화하였다. 그뿐만 아니라 프랑스의 글로벌 시멘트 기업인 Lafaz가 이산화탄소를 활용한 소각재 기술을 개발하는 등 기업 차원의 CCUS 기술 투자 역시 활발하게 진행되고 있다.

CCUS와 관련된 실행에 있어서는 EU의 가장 대표적인 CCU 정책인 '재생에너지 지침(Renewable Energy Directive II)'이 있다. 해당 지침에서는 재생에너지와 관련된 목표를 제시하였으며, 이때 수송용 재생 연료를 정의함에 있어서 재활용 탄소 연료와 비생물계 재생 연료를 포함시켰다. 즉, 특정 기준을 충족한다면 이산화탄소 유래 연료를 재생 연료로 인정하고 있다는 것이다. 이 외에도 독일의 '기후 보호 계획 2050'에서는 이산화탄소 감축을 위한 주요 기술로 CCU를 명시하였으며, 이에 따라 2021년 기준 15개의 상업 규모의 시범사업이 가

동되고 있다.

  캐나다는 2021년 기준 글로벌 CCS 시장에서 2위를 차지하고 있으며, 전 세계 21개 중 5개의 대규모 CCS 시설을 보유함에 따라 연간 7백만톤의 이산화탄소 포집이 가능하다. 하지만 기후 투명성 기구에 따르면 2019년 기준 캐나다의 온실가스 배출량은 G20 국가들의 평균에 비해 2배 이상 많기 때문에 제시한 온실가스 배출량 목표 및 2050 탄소중립 목표를 달성하기 위해서는 CCUS 기술 개발이 필수적이다.

  이와 같은 CCUS 기술 개발의 필요성을 바탕으로 캐나다의 서스캐처원주에 국제 CCS 지식 센터(International CCS Knowledge Centre)가 위치하고 있다. 이는 전 세계적인 CCS 기술 이해 증진을 위한 기관으로, CCS 인센티브 지원 백서 등을 발표하고 정부 차원의 정책을 제안하는 등의 활동을 진행하였다. 실행에 있어서 캐나다 앨버타주에서는 'Grand Challenge: Innovative Carbon Uses' 프로그램을 통해 CCU 기술 개발을 추진하였고, 이와 관련하여 약 3,500백만 캐나다달러를 투자하였다. 그뿐만 아니라 파일럿 규모 이상의 CCU 사업을 진행하고 있는 16개의 기업과 연구팀이 기업 협의체를 구성하는 등 CCUS를 위한 다양한 활동들이 시행되고 있다.

  한국은 석탄 화력 발전소의 비중이 높으며, 철강, 석유 화학 등 이산화탄소 배출 비중이 높은 산업이 주산업으로서 존재하고 있다. 그렇기에 CCUS에 대한 고려는 필수적이며, 이러한 필요성에 따라 정부는 '2050 탄소중립 추진 전략' 발표를 통해 CCUS의 조기 상용화를 위해 노력하고, 탄소순환산업을 육성하고자 하였다. 더 나아가, CCUS 기술을 개발 및 적용함으로써 2030년까지 총 1,030만톤의 국가 온실가스 감축에 기여하고자 한다.

구체적인 국내 CCUS 추진현황의 경우 국가 차원에서의 'CCUS 추진현황 및 계획'과 민관 합동인 'K-CCUS 추진단'으로 나누어 살펴볼 수 있다. CCUS의 상용화를 가속화하기 위해서는 정부의 노력뿐만 아니라 민관 협력의 필요성 역시 중요하다. 정부의 노력과 민관협력과 관련된 내용은 다음과 같다.

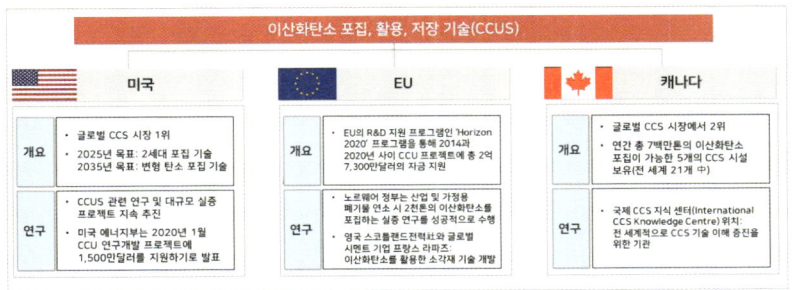

그림 66 이산화탄소 포집, 활용, 저장 기술(CCUS) 해외 동향

정부는 2021년 04월 'CCUS 추진현황 및 계획'을 발표함으로써 **CCUS를 신산업으로 육성하고, 나아가 전 세계적인 기후위기 대응 시장을 선점하고자 하는 의지**를 밝혔다. 해당 계획은 각 단계에 따른 목표 및 추진사업을 언급하고 있으며, 단계별 내용은 다음과 같다.

1) 포집: 포집 기술은 철강, 시멘트, 석유 화학 등의 주요 산업의 테스트베드(Test-Bed)를 구축하기 위한 실증사업을 추진하고자 한다. 이를 통해 2021년까지 주요 업종별 상용 규모의 탄소 포집 기술을 확보하는 목표를 설정하였다. 구체적인 추진 사업에 있어서는 2021년과 2024년 사이 철강, 시멘트, 석유 화학 중소 규모 실증 사업에 약 600억을 투자할 계획이다. 수소의 경우 동해 가스전을 통해 중대규모 포집 실증 사업을 추진할 예정이다.

2) 저장: 저장 기술은 동해 가스전을 활용한 통합 실증 사업을 통해 2025년부터 이산화탄소 총 1,200만톤을 저장하고 전주기 기술을 고도화하는 목표를 설정하였다. 이를 위해서 동해 가스전 고갈 저류층 활용 CCS 실증 사업을 추진할 계획이며, 2023~2024년에 시설을 구축하고, 2025~2054년 운영 및 저장을 하고자 한다.

3) 활용: 활용 단계에서는 조기 실증 및 상용화 기술의 선정을 바탕으로 R&D에 집중 투자를 하고자 한다. 이와 관련하여 주요 CCU 실증 사업을 착수하고 2021년 상반기에 'CCU 로드맵'을 수립 및 발표할 계획이다.

이 외에도 국가 차원에서 CCUS 개발 및 상용화를 위한 제도적 기반을 마련하기 위해 2021년 'CCUS 산업 육성 및 안전 관리에 관한 법률(가칭)'의 제정 작업을 시작할 것임을 언급하였다.

CCUS 개발 및 상용화에 있어서 **민관협력의 필요성이 증대됨에 따라 2021년 4월 'K-CCUS 추진단'이 발족**되었다. 해당 추진단에는 약 80여개의 기관이 참여하였으며, 그 구성으로는 철강, 시멘트, 석유 화학 등의 주요기업 50여개와 석유 공사, 발전 5사, 에너지 공기업 10개, 연구기관 15개 및 20여개의 대학이 포함되었다. K-CCUS 추진단의 궁극적인 목표는 CCUS 확산을 위한 민관의 협력을 극대화하는 것이며, 활동으로는 기술 개발 및 정책의 수요를 파악하는 동시에 CCUS 성과 확산 방안을 정부에 제안하는 것이 주로 이루어지게 된다. 더 나아가, 상설 사무국을 운영함으로써 CCUS 관련 국내외 기술 및 정보 교류와 협력을 활성화하고, 기술 개발과 인력 양성을 위해 힘쓰고자 한다.

'Korea CCS 2020 사업'은 2011년 11월부터 2020년 5월까지 약

9년 동안 진행된 프로젝트로, 세계 최고의 CCS 원천 기술 개발을 목표로 하였다. CCUS와 관련하여 'Korea CCS 2020 사업'의 기술 개발 성과를 CCU 기술과 CCS 기술로 나누어 설명하고자 한다. CCU 기술 개발 성과는 크게 4가지, CCS 기술 성과는 3가지로 정리될 수 있으며, 세부 내용은 다음과 같다.

[CCU 기술 개발 성과]
1) 미세조류 배양공정: 광전환 효율이 극대화된 균주 및 고효율 생물학적 전환 공정을 개발하였다.
2) 포름산 제조 공정 실증: 기존 BASF 공정의 문제점을 보완한, 혁신적인 포름산 제조 기술을 개발하였다.
3) 생분해성 고분자 제조와 관련하여 사업화 가능한 혁신 촉매를 개발하였다.
4) 전기 분해를 통한 합성가스 제조 시스템 기술을 개발하였다.

[CCS 기술 개발 성과]
1) 습식 포집 실증 플랜트: 세계 최고 수준의 CO_2 습식 포집 기술을 개발하였다. (재생에너지 2.0~2.37GJ/tCO_2)
2) 건식 포집 실증 플랜트: 세계 최고 수준의 CO_2 건식 포집 기술을 개발하였다. (재생에너지 3.4GJ/tCO_2)
3) CO_2 지중 저장: 1만톤급 파일럿 저장 실증 및 CO_2 저장 핵심기술 확보를 목표로 모델링 개발 과제를 추진함으로써 저장 부지를 탐사하고, 지상설비를 구축하며, 통합 모니터링 시스템을 개발하고자 하였다.

국내 CCUS 기술 개발 성과를 바탕으로 다양한 기술 적용 사례가 존재한다. 대표적으로는 'Korea CCS 2020 사업'을 통해 서부 발전 태안 화력에서는 습식 포집 실증 플랜트 설치(0.5MW), 대구 염색 공단 화력 발전소에서는 건식 포집 실증 플랜트 설치(0.5MW)의 성과를 얻을 수 있었다. 이 외에도 한국전력연구원은 자체 개발 흡수제인 'KOSOL'을 활용하여 중부 발전 보령 화력에 하루 180톤급의 포집 설비를 설치 후 테스트를 진행하고 있으며, 이와 관련하여 중국 화능그룹과의 교차 성능 테스트도 진행 중이다. 또한, 건식 이산화탄소 포집 공정 개발을 통해 한국남부발전 하동 화력부 8호기에 건식 포집 플랜트를 설치 운영하는 과제를 진행하고 있다. 마지막으로 한국전력과 아스트로마는 고분자 분리막 포집 공정을 공동 개발하였고, 당진 화력 발전소에 기술 실증 과정을 거치고 있다. 이 외에도 한국에너지기술연구원은 2006년부터 '키어솔'이라 불리는 촉진 탄산칼륨계 기술을 개발하고 있으며, 그뿐만 아니라 성신양회, 남동발전 삼천포 화력, 미국 타렌에너지, 동서발전 당진화력과 기술 개발을 진행하고 있다. 이와 같이 국내 내에서도 CCUS 기술 개발이 활발하게 진행되고 있으며, 이에 따른 적용 사례 역시 다양하게 존재함을 확인할 수 있다.

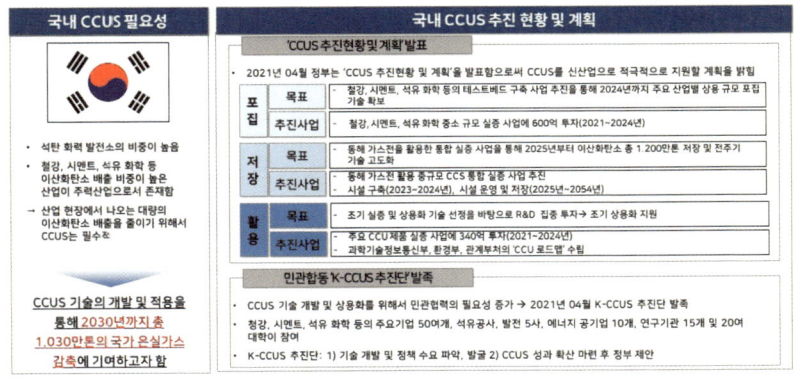

그림 67 국내 CCUS 동향

Epilogue

> "의심하는 것이 유쾌한 일은 아니지만,
> 확신하는 것은 어리석은 일이다."
> - 볼테르 -

ESG 투자 확대가 노동에 미치는 영향

 ESG 논의의 핵심이 무엇인가 그리고 궁극적으로 '우리가 기대하고 바라는 최종 목적지, 최종 수혜자는 누구라고 생각하는가'이다. 앞에서 열거한 다양한 키워드로 사람, 국가, 자연 혹은 다른 관점에서 경제, 문화, 정치, 사회 등에 있어 계속해서 일관적으로 말하는 명제는 '어느 하나의 개체가 자기 자신으로 살기 위해서는 너의 도움 없이는 살 수 없다'는 대명제이다.

 ESG 논의의 주요 주체 중 하나이면서도 소홀히 다루어지고 있는 분야가 바로 노동 분야이다. 이는 다른 분야에 비해 ESG 투자 효과를 확인할 수 있는 지속적, 시계열적 데이터 공개에 대한 기업의 의무적 공시정책 부재로 노동에 대한 투자 효과를 도출하기 어려운 상황이다. 세부적으로 노동자, 근로자들의 이직률(turnover rate) 데이터 관리가 안정적이지 않으며 이직률 사유에 대한 지속적인 조사보다는 개인정보보호라는 명목으로 개별 데이터가 공개되지 않고 있다. 결과적으로 사회적 관심이 타 분야에 비해 두드러지지 않는 이유는 환경 분야의 경우 영향력이 직관적으로 드러나 사회적 관심이 집중되지만, 노동의 경우 정보 접근의 한계로 수치화되기 어렵기 때문이다.

ESG 투자 확대는 노동의 위기인가 기회인가

ESG 투자 확대는 고용 관계에 아직 중대한 영향력을 행사하는 단계는 아니지만 노동 경영에 긍정적인 영향을 줄 잠재력을 보유하고 있다. 노동의 경우 자율, 책임, 권한과 같이 각각의 어젠다 성격이 장기적이다. 반면 투자자들의 경제적 보상에 대한 욕구는 단기적으로 빠르게 충족될 수 있기 때문에 노동에 관한 어젠다가 보다 저차원적인 수준에 머무는 경향이 있다.

그럼에도 불구하고 ESG 투자의 확대는 노동에 있어서 기회로 작용할 수 있는 잠재력을 보유하고 있다. SRI 펀드 매니저들이 노사 관계가 투자 성과에 큰 영향을 행사하는 분야라고 인지하고 있기 때문이다. ESG 투자가 노동에 기회가 되기 위해서 우선적으로는 자본시장에서 노동과 관련된 논의가 확산되어야 한다. 실제로 연금 펀드들이 노동과 관련된 기준들을 투자에 적용하고 있으며 리스크를 줄이기 위해 관련 기업들에 관여하고 있다.

따라서, ESG 내 기존 노동을 비효율적인 측면의 개선, 불확실한 리스크 관리 등의 관점이 아닌 새로운 기회와 성장의 관점으로 패러다임 전환이 필요하다.

노동의 가치에 대한 투자 확대가 미치는 영향을 양적, 질적 조사를 위한 사회적 협의체를 구성하고, 노사정, 학계, 시민사회 등 사회적 협의를 거쳐 노동 시장의 유연성과 안전성에 대한 비전을 공유하여 장기적으로 노사관계 시스템을 개선해 나가는 방안의 단초가 되길 바란다.